イラストでわかる

13歳から

自立できる

マナー

の基本

岩下宣子 監修

PHP

こんなマナー

まずは自分のマナー力をチェックしてみよう！

1

急にくしゃみが出そうなときは、そでで口を押さえる

くわしくは 23 ページへ

2

はしを持たないほうの手を受け皿がわりにしない

くわしくは 31 ページへ

3

列車内では、大きいバッグは網だなにのせる

くわしくは 53 ページへ

4

食後、ナプキンはた
たまずにテーブルに
置く

くわしくは63ページへ

5

家を訪問するとき
は、約束の時間より
少し遅く訪ねる

くわしくは98ページへ

6

挙式中は、カメラや
スマホでの撮影をし
ない

くわしくは122ページへ

7

他人の文章やイラス
トをSNSに無断で
投稿しない

くわしくは158ページへ

【イラストでわかる】
13歳から自立できるマナーの基本
もくじ

パート3　公共交通機関でのマナー

パート4　外出先・観光地でのマナー

パート5　訪問マナー・おもてなしマナー

パート6　冠婚葬祭のマナー

パート7　手紙・スマホ・電話のマナー

パート1

日常生活と身だしなみ

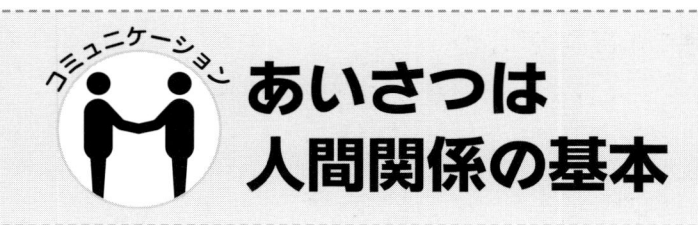

あいさつは人間関係の基本

コミュニケーション

日常のあいさつには、家族や友人を気づかい、ねぎらう意味が含まれています。心を込めて笑顔であいさつをしましょう。

「おはよう」で1日を始めよう

「お早い時間からお元気ですね」という意味があります。1日を気持ちよいあいさつで始めましょう。

相手を気づかう「こんにちは」

「今日はご機嫌いかがですか?」の意味です。相手のことを気づかう気持ちを込めてあいさつしましょう。

「こんばんは」はねぎらいの言葉

「今晩は無事に1日を過ごせて、いい夜ですね」という、ねぎらいと祝福を表した言葉を略したあいさつです。

1日の疲れを癒す「おやすみなさい」

1日の疲れを「休んで癒しましょうね」という意味です。今日1日の頑張りへのねぎらいを家族に伝えましょう。

●他人へのあいさつの基本的な姿勢

相手のほうに体を向ける

顔だけで相手を見るのは失礼にあたります。相手の正面に立ち、体全体を相手のほうに向けましょう。

笑顔で相手の目を見る

笑顔で相手を見ると、心が伝わり、より気持ちのよいあいさつができます。

ハキハキとした明るい声で

おはよう
ございます

早口では、なんと言っているのか伝わりません。少しゆっくりとハキハキした明るい声で。

腰からななめに頭を下げる

首だけをちょこんと下げるのは失礼です。腰から上半身をななめに曲げて、頭を下げましょう。

これも知っておこう！

あいさつの言葉は、
最後まではっきり発音しよう

言葉の最後がしりすぼみになると、投げやりで元気のない印象になります。

あいさつは、はっきりとした口調で、最後までしっかりと発音しましょう。

おはようございます

ありがとうございます

# 返事ははっきりと 気持ちよく

コミュニケーション

名前を呼ばれたり、意見を求められたりしたら、まず相手の目を見て「はい」とはっきり返事をしましょう。

「はい」とはっきり答える

はい

名前を呼ばれたり、意見を求められたりしたら、自分の所在を明らかにするために、まず「はい」と返事をしましょう。

反論するときもまず返事から

はい。けれども僕は○○○だと思います

反対意見を述べるときも、「でも」ではなく「はい」と返事をしてから、「けれども」と続けると印象がよくなります。

無言でうなずくのは失礼

コクリ

親しい間柄でも、無言でうなずくだけの返事は失礼にあたります。

コミュニケーション 感謝の気持ちは 心を込めた「ありがとう」で

相手になにかをしてもらったら、すぐに「ありがとう」とお礼を言う習慣をつけましょう。

笑顔だけでは失礼

> おたん生日 おめでとう！

ニコニコするだけではなく、感謝の気持ちを「ありがとう」「うれしい」など、言葉にして伝えましょう。

「すみません」より「ありがとう」

> ありがとう ございます！

> 落とし ましたよ

落とし物を拾ってもらったなど、親切にしてもらった際は「すみません」より「ありがとうございます」とお礼を言いましょう。

家族にも「ありがとう」

> はい

> ありがとう

いつも当たり前だと思っていることでも、感謝の気持ちを伝えると家族みんなが温かい気持ちになります。

これも知っておこう！

何度言われてもうれしい 「ありがとう」という言葉

「ありがとう」は「有り難し」に由来する言葉です。日常のよくあることでも「ありがとう」と言われるとうれしいものです。みんなが笑顔になれる言葉ですから、積極的に言いましょう。

目上の人には敬語で ていねいな会話を心がける

（コミュニケーション）

敬語を適切に使うのはおとなでも難しいものです。間違いやすいポイントを押さえ、正しい敬語を使いましょう。

「お」を多用しない

おコーヒーを
お持ちします

「おジュース」「おコーヒー」「おトイレ」など、カタカナで表記される外来語の頭には、「お」をつけてはいけません。

「大丈夫です」は不適切

大丈夫
です

袋は？

相手が言ったことなどを断るときに「大丈夫です」と言うのは間違いです。「結構です」が正しい言い方です。

「了解しました」は敬語にならない

職員室に
取りにきてね

了解です

「了解」は目下の人に言う言葉です。目上の人には「かしこまりました」や「承知しました」を使いましょう。

使いがちな「二重敬語」に注意

○○さんが
お越しになられ
ました

「お越しになられる」「お待ちになられる」など、「お○○になる」＋「れる、られる」と敬語を2つ重ねるのは誤りです。

※「お越しになる」「お待ちになる」が正解です。

	尊敬語	謙譲語	ていねい語
使う場面	相手を立てるときに使う	自分がへりくだって 相手を立てるときに使う	聞き手に対して ていねいに述べるときに使う
対象	**相手**	**自分**	**問わない**
する	なさる、される	いたす、 （させていただく）	します
言う	おっしゃる、 言われる	申す、申し上げる	言います
行く	いらっしゃる、 おいでになる	伺う、参る	行きます
来る	いらっしゃる、 おいでになる、見える、 お越しになる	参る	来ます
知る	ご存じ	存じる、存じ上げる、 承知する	知っています
食べる	召し上がる、 おあがりになる	いただく、ちょうだい する	食べます
いる	いらっしゃる、 おいでになる	おる	います
見る	ご覧になる	拝見する	見ます
聞く	お聞きになる	拝聴する、うかがう	聞きます
座る	おかけになる	座らせていただく	座ります
会う	お会いになる、 会われる	お目にかかる	会います
伝える	お伝えになる	申し伝える	伝えます
わかる	おわかりになる	かしこまる、 承知する	わかりました
読む	お読みになる	拝読する	読みます
与える	くださる、 お与えになる	差し上げる	あげます
もらう	お受け取りになる	たまわる、ちょうだい する、拝受する	もらいます
利用する	ご利用になる	利用させていただく	利用します
思う	お思いになる、 おぼし召す	存じる、拝察する	思います

話を聞くときに やってはいけないこと

コミュニケーション

相手が話しているときにほおづえをついたり、スマホ、時計を見たりするのは失礼です。気持ちよく話せるよう心がけましょう。

顔を上げて話す

会話をするときに下を向いているのは失礼です。顔を上げて、相手の目を見て話しましょう。

ひじをつかない

ふーん

ひじをついたり、ほおづえをついたりして話すのは、相手を見下した態度になるのでやめましょう。

ひんぱんに時計を見ない

チラ　チラ

時計をひんぱんに見ることは、会話が退屈、その場から去りたいという意思表示になってしまいます。

くだけすぎた態度に注意

そうそう！

目上の人と話をするときは、くだけすぎた言葉づかいをしてはいけません。

マスクははずす

面接や改まった席でのあいさつのときは、マスクや帽子ははずしましょう。

みんながわかる話題を選ぶ

3人以上で会話するときは、特定の人しかわからない話題は避け、その場の全員が関心のある話題にしましょう。

スマホをいじらない

相手の話の途中で、スマホをチェックしたり返事などを入力したりするのは、とても失礼なことです。

口ぐせに注意する

先生、えーっと
えっと、○○○○家を
えーっと・・・

「えー」「そもそも」などの言葉がひんぱんに会話に出るのは、聞き苦しいものです。口ぐせを直しましょう。

これも知っておこう！

「目は口ほどにものを言う」から、視線を上げて目を合わせる

会話中にずっと視線を落として下を向いたままだと、相手の気持ちがわかりません。

言葉にはならない気持ちを理解するために、視線を上げて相手の目を見て会話をしましょう。

洗顔、歯磨きを習慣にし身だしなみを整える

朝は必ず顔を洗い、歯を磨いて、髪をブラシでとかし、身だしなみを整えてから、1日をスタートさせましょう。

顔を洗う

顔を洗うと目が覚めて、シャキッとした気分で1日をスタートできます。毎日の習慣にしましょう。

歯を磨く

睡眠中は口の中に雑菌が繁殖します。虫歯や口臭予防のため、洗顔後と食後に歯磨きをしましょう。

髪をとかす

外出する前に、髪をブラシでとかして整えます。寝ぐせがあれば直し、身ぎれいにして出かけましょう。

爪を切る

爪が伸びると、爪が割れたり、爪先に汚れが入ったりしてしまいます。1週間に1度は切りましょう。

帰宅したら 制服や衣服を整える

着替えた衣服を脱ぎっぱなしにすると、シワや折れ目がついてしまいます。ハンガーにかけたり、たたんだりしましょう。

ハンガーにかける

翌日に着る制服や衣服は、ハンガーにかけておきましょう。シワができず、翌日、気持ちよく着ることができます。

洗たくかごに入れる

Tシャツやブラウスなどは、脱いだままにせず洗たくかごへ。下着や靴下などは、別のかごに入れて。

革靴は磨いておく

靴がきれいだと、全体の身だしなみがピシッと決まります。革靴は定期的に磨きましょう。

スニーカーを洗う

泥だらけの靴は見かけが悪いだけでなく靴下も汚れ不衛生です。上履きや授業で使う運動靴などは、とくに注意を。

身だしなみ

身だしなみを整えるのは
おしゃれ以上に大事

流行の衣服を着ても、靴が薄汚れていたり、髪がボサボサだったりしては見栄えがしません。まずは身だしなみを整えましょう。

場所に合った服装をする

レストランに行くときと、海や山に遊びに行くときの服装は違います。目的に合った服装をしましょう。

清潔感のある服装を

シワシワの服、シミだらけの服は、清潔な印象を与えません。アイロンをかけた服を着るなど、くふうしましょう。

下着は毎日、洗たくしたものを

身だしなみは、見た目だけではありません。清潔感を保つため、下着は洗くしたものを着ましょう。

定期的に髪を切る

髪がボサボサだと、全体にだらしなく見えます。定期的に美容室や理髪店へ行き、髪型を整えましょう。

 よい姿勢は、それだけで魅力的に見える

猫背など姿勢が悪いと、どんなに着飾っても美しく見えません。背筋を伸ばし、美しい姿勢を心がけましょう。

正しい姿勢で立つ

おなかに力を入れ、背筋を伸ばします。頭が上に引っ張られる感じで、あごを引きましょう。重心は、親指のつけねとつちふまずに置くとよいでしょう。

反り腰も猫背もよくない

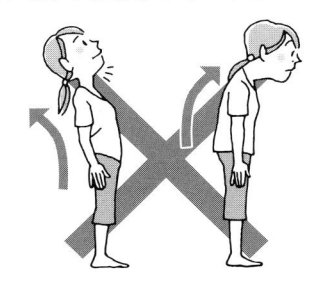

背中に力を入れすぎると背中が反ってあごが上がります。腹筋に力が入らないと背中が丸まり、猫背になります。

姿勢のよい歩き方

正しい姿勢から、ひざが曲がらないように、足を太ももから一歩出します。かかとから足をつけて歩きましょう。

これも知っておこう！

相手の歩くペースに合わせる

家族や友人、知人といっしょに歩くときは、相手のペースに歩調を合わせましょう。

とくに、幼い子どもやお年寄りといっしょに歩くときは、注意しましょう。

椅子に座るときも
背筋を伸ばす

正しい姿勢で椅子に腰かけると、きちんとして見えます。習慣づけておくと、社会人になったときも困りません。

椅子に正しい姿勢で座る

おなかに力を入れて背筋をピンと伸ばし、かかとを床につけましょう。また、人の話を聞くときは、少し浅めに座るのがポイントです。

椅子にもたれかからない

椅子の背にもたれかかると、姿勢が悪くなり、美しく見えません。

スカートのときはひざを閉じる

スカートを着用しているときは、ひざを閉じて、両手は太ももにのせて少し重ねると美しく見えます。

これも知っておこう！

意外と見られている
足元に注意

　座るとき、つい足を組んだり、投げ出したりしてしまっていませんか。姿勢が悪くなり、会話中だと相手にも失礼です。背筋とともに足元にもふだんから気を配りましょう。

くしゃみ、せきなどで周囲を不快にさせない

かぜをひいたときや花粉症などで、くしゃみやせきがとまらないときには、マスクなどで口を覆うのがマナーです。

マスクをする

かぜをひいているときには、マスクをして外出しましょう。マスクで鼻からあごまでをきっちり覆います。

ハンカチで口を押さえる

マスクがないときは、ハンカチやポケットティッシュで口を押さえましょう。これらは、いつもポケットに入れておきます。

上着のそでで押さえる

マスクやハンカチを出すひまがないとっさの場合には、衣服のそでで口を押さえましょう。

手のひらで口を押さえない

手にウイルスが付着し、その手で触ったドアノブなどから他人に感染するので、手は使わないようにします。

マスクの着用にもマナーがある

マスクをつけたままで目上の人にあいさつするのは失礼にあたります。花粉症の時期は、とくに気をつけましょう。

●目上の人と会うときははずす

学校の先生との面談、試験会場や面接では、マスクをはずしましょう。目上の人と話す場合は、相手に表情が伝わらず失礼になります。

また、受験票が必要な試験の場合は、顔を隠しているのではないかと疑われて、最悪の場合、試験を受けられないことがあるので、注意しましょう。

●お祝い事や法事の席でははずす

お祝いを伝えるときや、葬儀や法事で焼香するときに、マスクをつけたままでは礼儀に欠けるので、はずしましょう。

せきがひどいときなどは、お祝いやお悔やみを述べるときだけはずして、相手に「せきがひどいので失礼します」と断りをいれます。

パート2

食事のマナー

気持ちよく食事ができるよう食卓の準備をする

料理を気持ちよく食べられるように、テーブル周りを片づけ、テーブルをふきんでふいて清潔に整えましょう。

1 テーブルの上を片づける

テーブルの上が雑然としていると、落ち着いて食事ができません。テーブルの上のものを片づけましょう。

2 ふきんでふく

除菌

テーブルをふきんなどでふきましょう。除菌アルコールを使うと、より衛生的です。

3 はしやカトラリーを用意

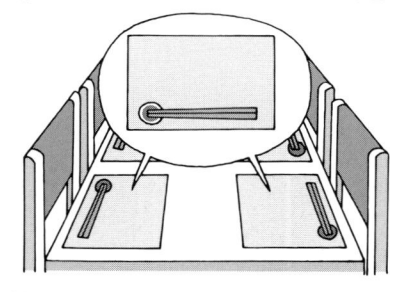

料理が運ばれたら、すぐに食べられるように、ランチョンマットやはし、カトラリーなどを用意しましょう。

食事前

できたての料理を食べる準備をする

調味料、料理などを手分けして運ぶと、できたての料理を冷めないうちにおいしく食べることができます。

1 調味料を用意する

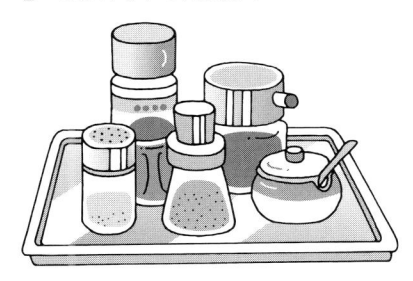

料理をすぐに食べられるように、しょうゆやソース、ドレッシングなどを、食卓に運んでおきましょう。

2 料理を食卓に運ぶ

できたての料理をおいしく食べるために、みんなで協力してテーブルに運びましょう。

3 食卓につく

料理がそろったら、不足しているものはないか確認します。別の部屋にいる家族を呼び、食卓につきましょう。

4 みんながそろってから食べる

みんながそろったら「いただきます」と言います。その場で一番年上の人（目上の人）がはしを取ったら、食べ始めます。

食べやすいように 主食は左側に置く

ご飯や汁物、おかずの置き方には、食べやすいように決まりがあります。決まりに従って置きましょう。

●和食

献立の種類を覚えよう

和食の献立の数は、奇数だと縁起がよいとされています。種類と位置を覚えておきましょう。

一汁三菜の例

主食	ご飯（白米、炊き込みご飯など）
一汁	味噌汁や吸い物など
主菜	魚、肉、卵、大豆製品などを主材料とした焼き物、揚げ物、蒸し物、煮物、刺身など
副菜	野菜などを主材料とした和え物、酢の物など
副副菜（漬物）	お新香など

ご飯茶わんは左側、汁物は右側

上位とされる左にご飯を置きます。汁物は、ご飯のすぐ右隣に置きましょう。

主菜は汁物の奥に置く

主菜は汁物の奥に置きます。魚は頭を左側、腹が手前になるように、向きに注意しましょう。

はしは先を左側にして置く

右ききの場合は右手で持ちやすいように、はしの先は左、持ち手が右になるように、ご飯茶わんとおわんの真ん中手前に置きます。

●洋食（右ききの場合）

スプーンとナイフは右側

右手で使うスープスプーンとナイフは右側に置きます。

メインの料理は中央に

メイン料理は手前の中央に置きます。

スープやパンを置く

スープはメイン料理の右上に、手でちぎって食べるパンは左側に置きましょう。

飲み物は右奥

飲み物のグラスは、右手で取りやすい右奥に置きます。

食事中

お茶わんは口に運びやすい 正しい持ち方で持つ

お茶わんやおわんは、口に運びやすく、熱いものでもしっかりと持てるように、正しく持ちましょう。

1 底を指4本で支える

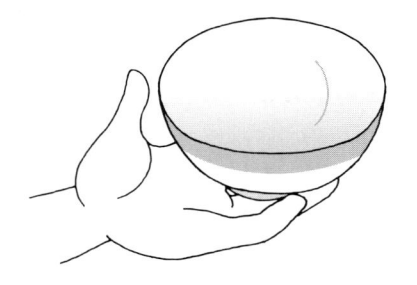

人差し指から小指までの4本で、茶わんの底を受けるようにして持ちます。

2 親指を縁にかける

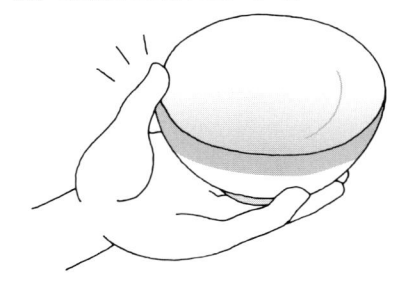

茶わんの縁に親指をかけて、しっかりと持ちましょう。

コップ持ちは不安定

コップのように、横を持つと手がすべって落としやすく、熱いものは持ちにくいのでやめましょう。

湯飲み茶わんの持ち方

湯飲み茶わんは、側面を片手で持ち、もう片方の手で底を支えるのが正しい持ち方です。

●持ってよい皿、持たない皿

手のひらより小さい皿

しょうゆ皿、小鉢、小皿は手に持ってよい皿です。お茶わんやおわんは持って食べます。

大きな皿は手を添える

魚などの焼き物の皿、天ぷらの皿、煮物の大きな鉢などは、持たないで手を添えて食べましょう。

手皿を受け皿がわりにしない

たれや調味料が垂れないように手で受けるのはマナー違反です。しょうゆ皿を持って口に運びましょう。

これも知っておこう！

皿を手で持ち上げてよいのは、和食だけ

洋食や中国料理は、どの皿も持ち上げないで食べるのがマナーです。スープやパスタの皿を持ち上げたり、皿の位置を交換して食べたりするのはマナー違反です。

食事中

こぼさず、消化をよくする ために姿勢よく食べる

椅子に深く腰かけて背筋を伸ばし、正しい姿勢で食事をすると、食べ物をスムーズに口に運べて、消化もよくなります。

あごを引いて背筋を伸ばす

椅子に深く腰かけて、あごを引き背筋を伸ばしましょう。食べ物もスムーズに胃に入ります。

背中を丸めない

テーブルに顔を近づけて食べると背中が丸くなり、見た目に美しくなく、消化にもよくありません。

足を組まない

両足を床にきちんとつけて食べましょう。足を組むと、かむ力が低下することもあります。

ひじをつかない

体がななめになり、食べたものが飲み込みにくくなります。見た目にもよくないので、やめましょう。

和食ではおいしく食べるために食べる順番がある

はしの先をしめらせることで、ご飯粒やおかずがこびりつきません。汁物から先に食べる習慣をつけましょう。

※おはしをぬらして出されたときは、ご飯から食べます。

1 汁物から食べる

日常の食事では、ご飯粒などがはしにこびりつかないように、汁ものを飲んでから具をつまんで食べ、はしの先をしめらせます。

2 ご飯を食べる

味付けの薄いものから食べることで、おかずなどの風味を味わうことができます。おかずとおかずの間にご飯を一口食べましょう。

3 おかずを食べる

味付けの薄いおかずから食べます。しょっぱい漬物（香の物）を先に食べると「おかずがおいしくない」という意味になるので、後から食べます。

少量ずつよくかんで食べる

ご飯→汁物→ご飯→おかず→ご飯か汁物→おかずの順番で繰り返し少量ずつよくかんで食べましょう。

食事中

不快な思いをさせる
はしの使い方はやめる

大皿料理で、一度はしをつけて取らずにやめたり、器をはしで引き寄せたりすると、同席の人を不快な気分にさせます。

料理の上をぐるぐる「迷いばし」

どの料理を食べるか迷って、料理の上ではしをめぐらせると、他の人が取れなくなるのでやめましょう。

取りかけてやめる「空ばし」

ぽい

いったん取りかけた料理をやめて、別の料理を取るのは、他の人が不快な思いをするのでやめましょう。

中身を探す「探りばし」

ぐる　ぐる

汁ものや煮物などにはしを入れて、好きな具を探すのは見苦しいのでやめましょう。

器を引き寄せる「寄せばし」

スススス・・・・・

小鉢などの器にはしを入れて引き寄せると、器が倒れたり、引きずる音がしたりして周りを不快にさせます。

途中ではしを置く「渡しばし」

食事の途中で、茶わんや皿の上にはしを渡して置くと、はしが転がるおそれがあります。はしははし置きに。

急いで食べる「かき込みばし」

茶わんに口を寄せてはしでかき込むのは、見苦しく、また消化に悪いのでやめましょう。

汁がたれる「なみだばし」

はしの先から料理のしずくがたれると食卓が汚れます。器の縁で十分に汁気を切るか、器を持って食べましょう。

はしをなめる「ねぶりばし」

はしについたご飯粒やおかずのたれなどをなめるのは、周りが不快になるのでやめましょう。

刺して取る「突きばし」

料理にはしを刺して取るのは見苦しいので、必ずはさんで取るようにしましょう。

葬儀で使う「立てばし、移しばし」

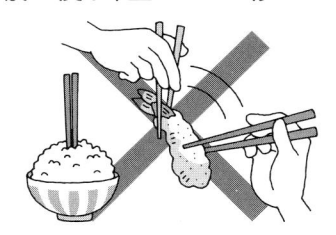

真っ直ぐはしを立てたり、ふたりでひとつのおかずをはさんだりするのは、縁起の悪い行為なのでやめましょう。

皿がきれいになるような 魚の食べ方を覚える

食事中

食べ終わった皿がきれいだと気持ちがよいですね。きれいに食べるのが難しい焼き魚の食べ方を覚えましょう。

1 ひれをはずす

胸びれ、尾びれ、背びれなど、手前にあるひれから順番にはしではずし、皿の端に置きます。

2 中骨に沿ってはしを入れる

身をほぐしやすいように、魚の頭から尾にかけて中骨に沿って、はしで軽く筋をすっと入れます。

3 上側の身から食べる

上側の身を背の頭側からほぐしながら食べ、腹側も同様に食べます。ほぐしにくいときは、頭を押さえましょう。

4 中骨をはずす

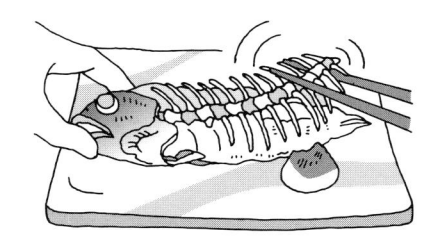

上側半分を食べ終えたら、はしで中骨を持ち上げてはずします。はずした骨は皿の端に置きましょう。このとき、頭をいっしょにはずしてもよいでしょう。

5 下側の身を食べる

裏返さないで、下側の身をきれいに食べましょう。

6 骨やひれを寄せる

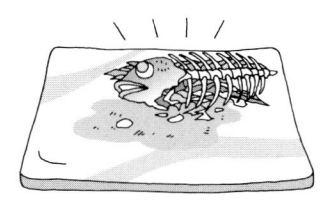

皿に残っている骨やひれを皿の奥に寄せ、重ねましょう。

※ここで紹介した以外に、中骨に沿ってはしを入れず、頭から尾のほうに食べすすめる食べ方もあります。

煮魚の食べ方

煮魚も焼き魚と同じ手順で食べます。煮汁がたれないように皿で汁気を切りましょう。

小骨が口に残ったら

小骨が口の中に残ったら、口元を手で隠して、はしで口から小骨を出すのがマナーです。

これも知っておこう！

魚の頭が左向きな理由

　魚は、食べるほうから見て左側に頭がくるように置かれなければなりません。

　これは、古来「左が優位・上位」とされているため、という説があります。

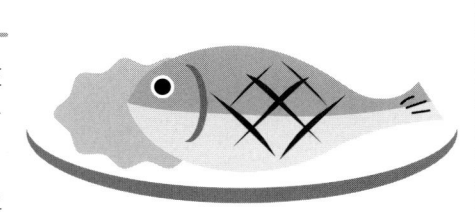

食事中

種類によって異なる
肉のきれいな食べ方

ステーキや骨つき肉は、ナイフとフォークを使ってスマートに
きれいに食べましょう。

●ステーキ肉
左側から切る

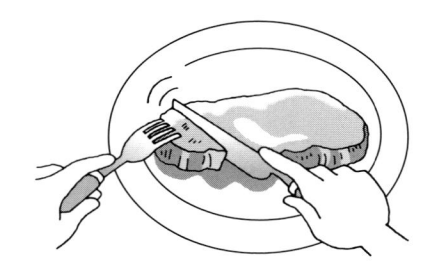

ステーキ肉は、左手に持ったフォーク
で肉を押さえ、右手のナイフで肉を左
側から一口分ずつに切って食べます。

●骨つき肉
1　骨と肉の間を切る

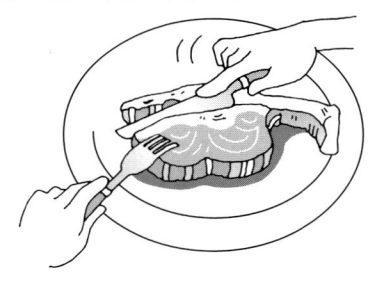

左手のフォークで肉を押さえ、右手の
ナイフで骨と肉の境目にナイフを入れ、
骨から肉を切りとります。骨は皿の奥
に置きます。

2　左側から食べる

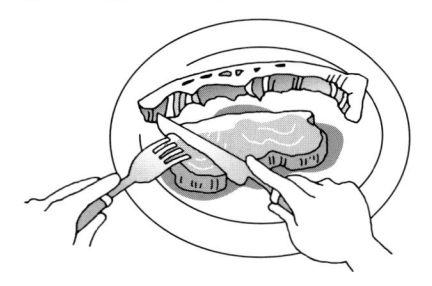

肉の部分はステーキと同様に、左端か
らナイフとフォークを使って、一口大
に切って食べます。

3　骨についた肉は手で持って食べてもよい

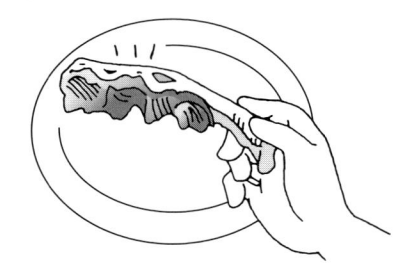

骨についた肉は、手で持って食べてよ
いとされています。フィンガーボウル
があれば、指をすすぎましょう。

食事中

大皿料理は、ひとり分を 取り皿に取って食べる

食べたい量だけ取ると、他の人が食べられなくなります。必ず人数を確認して、ひとり分だけ取りましょう。

自分だけ多く取らない

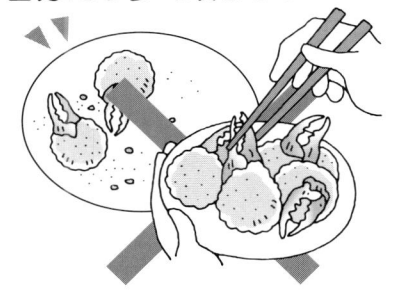

好きなおかずでも、自分だけ多く取ると、他の人に行き渡らなくなります。人数を考えて取りましょう。

取りばしで取る

自分が食べているはしで直接取ったり（直ばし）、逆さまにするのは不衛生です。必ず取りばしで取りましょう。

取り皿に取る

大皿から取った料理を直接口に運ぶのはマナー違反です。必ず取り皿に取ってから食べましょう。

串からはずして食べる

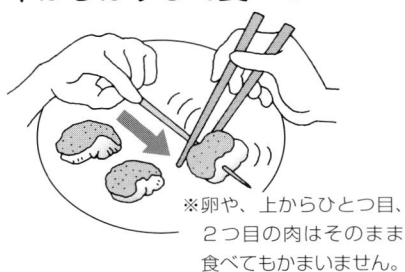

※卵や、上からひとつ目、2つ目の肉はそのまま食べてもかまいません。

串料理は、取り皿に取ったら、串から肉などをはしではずして食べましょう。

周囲が食欲をなくしてしまう行為はしない

音を立てて食べる、げっぷをする、好き嫌いをするなどは、周りに不快感を与えるのでやめましょう。

口を閉じて食べる

口を開けて食べると、くちゃくちゃと音がして下品です。口を閉じて食べましょう。

げっぷやおならは禁物

げっぷやおならは極力しないように心がけ、どうしても出そうなときはトイレに行きましょう。うっかり出てしまったら、「失礼しました」と謝ります。

できるだけ席を立たない

食事中にトイレに行くなど、席を立つのは、周りに失礼なので、できるだけ食前に済ませておきましょう。

嫌いなものが出ても顔に出さない

嫌いなものが出たら、できるだけ口にしてみましょう。どうしてもダメなら、端によけておきます。

食事中

食べるペースを合わせて会話を楽しむ

周りと食べるペースを合わせて、会話をしながら楽しくコミュニケーションをとりましょう。

早食いをしない

料理をかき込まないで、きちんとかんで食べると、みんなとペースを合わせやすくなります。

おしゃべりに夢中になりすぎない

ひとりだけしゃべっていると、食べるペースが遅くなってしまうので、ほどほどにしましょう。

食事中のスマホは厳禁

食卓の雰囲気が悪くなるので、食事中はスマホ操作やゲームはやめましょう。

周りのペースを見る

周りの人の食事の進み具合を見て、食べる速度を合わせましょう。

食事ができたことに感謝する「ごちそうさま」

食後はすぐに食器を片づけないで、だんらんのひとときを過ごし、みんなで「ごちそうさま」を言って食事を終えましょう。

ひとりで席を立たない

食べ終えたからと、ひとりでさっさと席を立つと、食卓の雰囲気が壊れるのでやめましょう。

「おいしい」はうれしい言葉

おいしい！

作った人にとって「おいしい」はうれしい言葉です。「この味つけ、好き」など、よかった感想を伝えましょう。

感謝を伝える

ごちそうさま！

「ごちそうさま」は、自然の恵み、食材や料理を作ってくれた人に感謝の気持ちを表す言葉です。

みんなで「ごちそうさまでした」

ごちそうさまでした

みんなが食べ終わって、ひと息ついたら、全員で「ごちそうさまでした」と言って食事を終えましょう。

食事後

食べ終わったら、食卓を片づける

食べ終わったら、食器を重ねてキッチンへ運び、洗い物を手伝いましょう。テーブルはふいて衛生的に保ちましょう。

1 食器は重ねる

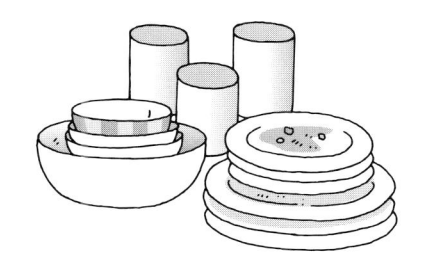

食べ終わった食器は重ねると、運びやすく片づけの時間を短縮することができます。ただし油っぽい食器は、重ねずにおきます。

2 キッチンへ運ぶ

重ねた食器をトレイなどでキッチンに運びましょう。手分けをすると作業が短縮されます。

3 食器洗いを手伝う

だんらんの時間を多く取れるように、食器を洗う、ふく、しまうなどの作業を分担して行ないましょう。

テーブルをふく

食後のテーブルは食べこぼしなどで汚れているので、ふきんなどでふきましょう。

麺類の種類によって それぞれマナーがある

そばやパスタ、ラーメンなどの麺類は、音を立ててよいもの、悪いものがあるなど、食べ方がそれぞれ異なります。

そば

そばは、音を立ててすすってもよいものとされています。汁ものは、どんぶりから直接汁を飲んでも差し支えありません。

ラーメン

ラーメン店では、すすって食べてOKですが、中国料理店では、レンゲに麺や汁をとるのがマナーです。

平たい皿のパスタ

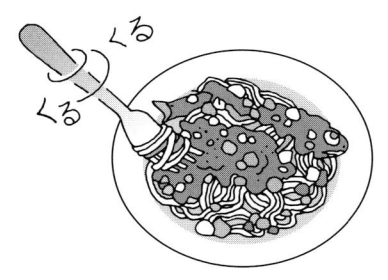

平たい皿の場合は、フォークだけを使い、皿の手前にパスタを3〜4本取って、きれいに巻いて食べます。

深い皿のパスタ

深い皿のパスタは、右手にフォーク、左手にスプーンを持って、フォークにきれいに巻いて食べます。

世界の食文化とマナー

国	料理	マナー
中国	麺類	麺をはしなどで切ってはいけない
韓国	飲み物	目上の人の前では、口を覆い横を向いて飲む
インド	すべての料理	食べ物は右手で食べる
エジプト	すべての料理	勝手に料理に塩をふってはいけない
ロシア	ピロシキ	一口ずつ手でちぎって食べる
ドイツ	パン以外の料理	手を使って食べてはいけない
イギリス	アフタヌーンティー	紅茶といっしょに、2〜3段の器に入ったお菓子が出た場合、一番下の段から食べる
スペイン	パエリア	スプーンを使って、鍋から直接食べる

これも知っておこう！

麺をすする行為は、ヌーハラと呼ばれることも

　麺類を食べるときに音を立てるのは、世界のなかでは少数派のようで、「ヌードルハラスメント（ヌーハラ）」と呼んでいやがられる場合もあります。海外旅行ではとくに気をつけましょう。

帽子マナーは男女で異なる

帽子は原則的には屋外でかぶるものですが、女性はレストランでも着帽が許される場合があります。

◉屋内では男子は脱帽、女子は帽子の種類で異なる

　男性の場合、室内では帽子を脱ぐのがマナーです。女性の帽子はファッションの一部とされているので、小さいものならば室内で脱がなくてもよいとされています。たとえば、レストランで帽子をかぶったまま食事をしても OK です。ただしキャップは、女性でも室内では脱ぎます。

　また、葬儀や法事では、遺族の女性のみレースのついた小さめのトーク帽が許されています。

◉目上の人と話すときは帽子を脱ぐ

　男性も女性も、目上の人にあいさつをするときに帽子をかぶっているのは失礼にあたります。あいさつをするときは、脱ぎましょう。ただしこの場合も、小さな帽子なら問題がないとされています。

　式典などでも指示があったら、脱帽します。脱いだ帽子は相手には表側を向けて、裏側は自分のほうに向けるようにします。

公共交通機関
でのマナー

エスカレーターは立ち止まって乗る

転倒などで他人を巻き込んだ事故を起こさないように、手すりをしっかりと持ち、立ち止まって乗りましょう。

手すりを持つ

転倒すると多くの人を巻き込む大事故になります。手すりをしっかり持って、立ち止まって乗りましょう。

黄色い線の内側に乗る

ステップの左右の端に乗ると靴やスカートのすそなどが巻き込まれ事故につながります。黄色い線の内側に立ちましょう。

大きな荷物は手を離さない

キャリーバッグなど大きなバッグは、落下しないように上りでは前、下りでは体の横に置き、持ち手を持ちましょう。

これも知っておこう！

片側をあけるのはマナー違反

関東では右側、関西では左側をあけることがありますが、本来エスカレーターは立ち止まって乗るものです。急いでいる人のために、片側をあけるのは避けましょう。

列車

エレベーターはドアの横で待って静かに乗る

乗降の際は、降りる人が優先です。開閉ドアの横に立ち、降りる人がすべて降りてから乗りましょう。

ドアの横で降りる人を待つ

ドアの正面にいると、降りる人のじゃまです。降りる人がスムーズに降りられるようにドアの横で待ちます。

ゆっくり静かに乗る

ドタドタと足踏みしたり、駆け込んだりするとエレベーターが揺れて危険です。ゆっくりと静かに乗ります。

開閉ボタンの「開」を押す

ボタンの前に立ったら、他の人の乗り降りの途中でドアが閉まらないように「開」ボタンを押しましょう。

混んでいたら一度降りる

混雑時にドアの前に乗ったら、フロアごとに一度外に降りて、降りる人のために出口をあけましょう。

列車

改札では列の流れに従ってスムーズに通る

後ろの人の進路を妨げないように、自動改札機より手前で切符やICカードを準備し、立ち止まることがないようにします。

手前で切符やICカードを用意する

改札機の前で立ち止まると、後ろの人に迷惑です。切符やICカードは少し手前で用意しましょう。

大きい荷物は専用の改札へ

改札機の通行の妨げとなる大きいバッグなどの荷物を持っている場合は、幅の広い専用の改札を通りましょう。

直前で割り込まない

割り込みはトラブルのもとです。手前から列ができている場合は、流れに沿って、順番を守りましょう。

反対側の人に譲る

同時に反対側から人が来たら、快く譲りましょう。お互いに気持ちよく通行できます。

ホームでは決められた列に並び、ベンチは譲り合う

ホームで事故やトラブルにならないよう、決められた場所を歩き、整列表示に従って並んで静かに列車を待ちましょう。

ホームの表示に従って並ぶ

他の人とトラブルにならないように、表示されている列数や列車の種類を確認して、順番に並びます。

ホームの端を歩かない

端を歩くと転落事故や列車運行の妨害になるので、黄色の点字ブロックや白線の内側を歩きましょう。

物を落としたら駅員へ

線路に物を落としたとき、自分で拾ってはいけません。駅員に知らせて拾ってもらいましょう。

ベンチを占領しない

ベンチに荷物を置いたり、足を広げて座ったりすると、他の人が座れません。スペースをあけて譲り合いましょう。

列車

乗車時は降りる人を待ち、押したり抜かしたりしない

降りる人がスムーズに降りられるようにドアの前をあけて待ち、乗車したら、後ろの人が乗りやすいように奥まで進みます。

ドアの横に立って待つ

ドアが開いたら、ドアの横に立ち、降りる人が降りやすいように中央をあけて待ちます。降りる人がいなくなるのを確認してから乗りましょう。

席をめがけてダッシュしない

座席確保にダッシュすると、迷惑になるだけでなく、周囲の人を巻き込んで、転倒やケガの原因になるのでやめましょう。

前の人を押さない

早く乗りたいからと、あわてて前の人を押すのも、周囲の人の転倒につながり迷惑行為です。

立ち止まらずに車内の奥まで進む

ドアの近くに立ち止まると後ろの人が乗れなくて迷惑です。前の人に続き、順序よく車内の奥に入りましょう。

 列車
車内では体の前で荷物を持ち、スマホの使用は控える

周囲の迷惑になるので、混雑時にはスマホや読書は控え、話し声やイヤホンの音漏れに注意して静かに乗りましょう。

リュックは前に抱える
周りの人にあたるので、リュックは体の前に抱え、スポーツバッグなどの大きい荷物は網だなにのせましょう。

音漏れに注意する
イヤホンからの音漏れは、周囲の人を不快にします。ボリュームを下げ、音漏れしないようにしましょう。

混雑時のスマホは控える
混雑しているときは、周りの人にあたって迷惑になるので、スマホの使用や読書は控えましょう。

座席で足を組まない
座席で足を組んだり投げ出したりすると、通路に立つ人が立ちにくく、迷惑なのでやめましょう。

列車

座席指定列車では決まった席に座り、勝手に移動しない

座席指定列車は長距離を走るので、荷物は網だなにのせます。座席を倒すときは後ろの人にひと声かけましょう。

指定された席に座る

勝手に席を移動すると、他の人や車掌さんとトラブルになるので、絶対にやめましょう。

荷物を網だなにのせる

貴重品以外の荷物を通路側に置くと、通行の妨げになります。荷物は網だなにのせましょう。

すみません。倒していいですか？

大型キャリーバッグは隅に置く

大型のキャリーバッグは、ストッパーをかけて通路の隅に置きましょう。一番後ろの座席の後方が空いていれば、ひとこと断ってから置いてもかまいません。

座席を倒す前にひと声かけて

リクライニングシートを倒すときは、後ろの人に「すみません」などと声をかけて、ゆっくりと倒しましょう。倒しすぎないのもマナーです。

バス・飛行機・船・自転車

座席への移動、降車は バスの停車中に行なう

転倒防止のため、乗客が座席に腰かけるまで発車しない場合も あります。移動や降車は停車中に速やかに行ないましょう。

前乗りと後乗りに注意

前乗りは料金前払い、後乗りは後払い です。スムーズに乗降するために、あ らかじめ料金やICカードを用意しま しょう。

車内移動は停車中に

走行中の車内移動は、転倒の原因にな ります。席への移動、降車の移動は、 停車中に行ないましょう。

キャリーバッグは手で押さえる

走行中にキャリーバッグが転がると、 周りの人にあたりケガのもとです。ス トッパーがついていればかけて、手で 押さえます。

座席は奥から座る

後から乗ってきた人が座りやすいよう に、2人がけの座席などは奥からつめ て座りましょう。

余裕を持って空港へ、機内では乗務員の指示に従う

時間どおりに搭乗手続きをすませないと、同じ機に搭乗する多くの人に迷惑をかけます。とくに時間厳守を心がけましょう。

離陸の1時間前には空港へ

搭乗手続き、手荷物検査などに時間がかかることがあるので、空港には離陸1時間前には着くようにしましょう。

持ち込めない荷物もある

国内線と国際線では、機内に持ち込める荷物と、持ち込めない荷物の重量が異なります。事前に調べましょう。

乗務員の指示に従う

運行の妨げにならないよう、シートベルトの着脱やイヤホンの使用などは、乗務員の指示を守りましょう。

降りるときは順番を待つ

列ごとに移動の指示が出ることがあります。着陸後すぐに立ち上がらず、指示に従って待ちましょう。

バス・飛行機・船・自転車

船では消灯時間を守り 客室では静かにする

甲板や機械室をはじめ、航行中に立ち入り禁止になる場所もあります。安全な航行のためにルールを守りましょう。

乗船時刻には余裕を持つ

桟橋を通行して乗船するなど、乗船には時間がかかります。ターミナルには1時間前まで、フェリーなどに車で乗船する場合は2時間前までです。

禁止区域に立ち入らない

運航の妨げや落下事故の原因になるので、立ち入り禁止区域には絶対に立ち入らないようにしましょう。

2時間前

17:00

客室では周囲を気づかう

個室ではない客室では、スペースをたくさんとったり、大声で騒いだりするのはやめましょう。

備品のルールを守る

個室ではない客室には、毛布や枕が備わっています。ひとりで複数の備品を使うのはやめましょう。

自転車は左側通行がルール、歩行者を優先した運転を

危険な自転車運転は、人身事故の原因にもなります。片手運転、無灯火運転、ふたり乗り運転などはしてはいけません。

自動車と同じ左側走行

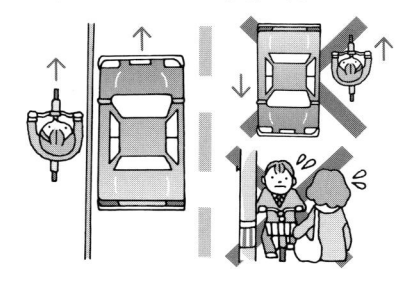

自転車は軽車両なので、車道を左側走行するのが原則です。右側走行やせまい歩道を走行して歩行者の通行を妨げてはいけません。

片手運転は禁止

片手にスマホやかさを持って走行するのは道路交通法違反で、罰則をとられます。

イヤホーンははずす

後ろから車や緊急車両が近づく音、踏切の警報音が聞こえないので、イヤホーンを使用して走行してはいけません。

ふたり乗りは禁止

法律で自転車のふたり乗りは禁止されています。ハンドル操作を誤ることもあるのでやってはいけません。

夜はライトを点灯する

歩行者や自動車から見えるように、暗くなったらライトを必ずつけて乗りましょう。

横に並んで走らない

車両や歩行者の通行の妨げになるので、2台以上で横に並んではいけません。たてに並んで走りましょう。

一時停止を守る

車や歩行者との衝突を避けるために、一時停止の標識があったら止まって左右を確かめます。

自転車運転の主な違反

違反名	罰則等	適用法条と条文要旨
一時不停止	3月以下の懲役又は5万円以下の罰金	第43条　道路標識等により一時停止すべきことが指定されているときは、停止線の直前で一時停止しなければならない。
無灯火	5万円以下の罰金	第52条　夜間、道路を通行するときは、灯火をつけなければならない。
ふたり乗り	2万円以下の罰金又は科料	第57条第2項　都道府県公安委員会が定める乗車制限に反して乗車させ、自転車を運転してはならない。
歩道通行	3月以下の懲役又は5万円以下の罰金	第17条第1項　歩車道の区別のある道路では、車道を通行しなければならない。
右側通行等	3月以下の懲役又は5万円以下の罰金	第17条第4項　道路の中央から左の部分を通行しなければならない。
軽車両の並進	2万円以下の罰金又は科料	第19条　自転車など軽車両は、他の軽車両と並進してはならない。

正しいかさの持ち方

かさを持ち運ぶときは、持ち方に十分気をつけないと、他人に
ケガをさせたり、お店で商品を傷つけたりするおそれがあります。

●かさの柄を手で握り、たてに持つ

かさの胴体を持つとかさが横位置になり、先端が周囲の
人やものにあたって危険です。

とくに上りの階段やエスカレーターで水平に持つと、
ちょうど先端が後ろの人の目や頭の位置になり、事故のも
とになります。かさは真っ直ぐ、たてになるように柄を持
ちましょう。

●電車や店内でかさを腕の内側にかけない

かさの柄を腕の内側にかけると、先端がななめ前を向い
てしまいます。電車やバスで座席の前に立った場合、かさ
の先端が座っている人にあたって迷惑です。また、店内で
かさを腕にかけると、先端が商品にあたり、商品を傷つけ
たり、壊したりしてしまいます。

このようなときは、かさの柄を曲げた腕の外側にかける
とかさの先端が自分の体に向くのでおすすめです。

パート4

外出先・観光地でのマナー

外食

レストランは入口で案内されるまで待つ

入口ではコートや大きな荷物を預けて、勝手に席を選ばずにスタッフの案内を待ちましょう。

1 入口でコートを預ける

コートやかさ、荷物を入口で預けるレストランもあります。貴重品以外の大きな荷物は預けましょう。

2 案内されるまで待つ

勝手に席についてはいけません。お店の人の案内に従って、席につきましょう。

ドレスコードがあることも

男性はジャケット着用、女性はサンダル不可など、ドレスコードのあるレストランもあるので注意しましょう。

大声で話さない

雰囲気を楽しむレストランでは、周囲の迷惑になるので、大声で話さないようにしましょう。

外食

ナプキンの使い方は
お店の人へのメッセージ

布製のナプキンの置き場所やたたみ方は、スタッフへのメッセージになります。ナプキンの使い方を覚えておきましょう。

1 注文をしたらひざにかける

注文が済んだ後に、テーブルに置かれたナプキンを二つ折りにして、折り目がおなか側になるようにひざの上に置きましょう。ただし目上の人が先です。

2 食事中に席を立つときは椅子に

トイレに立つときなどは、ナプキンの中央をつまんで三角形にして、椅子の上に置きましょう。

3 帰りはテーブルに置く

帰るときはナプキンをたたまないでテーブルに置きます。きちんとたたむと料理がまずかったという意味になります。

ハンカチ使用はマナー違反

自分のハンカチやティッシュを使うのは、マナー違反です。ナプキンの内側で口や手の汚れをぬぐいましょう。

バイキングでは順序よく取り、食べられる量だけ盛りつける

後ろの人のことも考えて、料理は崩さないようにきれいに取り、食べられる量だけ盛りつけましょう。

順番に進む

たくさん並ぶ料理を好きな場所から取ると、列の順番を乱して迷惑です。順番に並んで取りましょう。

料理は端から取る

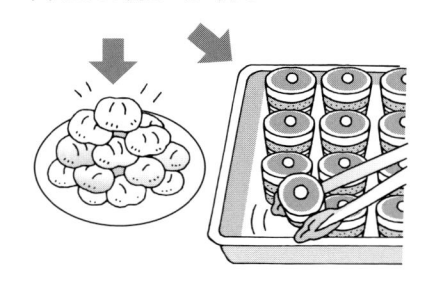

奥や真ん中から取ると形が崩れるので、平らに並んでいる料理は端から、積んである料理は上から取ります。

食べられる量だけ取る

食べられるものを、食べられる量だけ取りましょう。取ったものを残すのはマナー違反です。

料理の冷温で皿を分ける

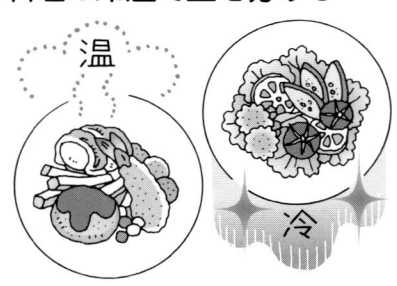

温

冷

サラダなど冷たいものと、揚げ物や焼き物、煮物などの熱いものは別のお皿に取りましょう。

好きなものの1種盛りはやめる

から揚げだけ、ポテトだけなど、1品を1皿に山盛りにするのは、とても見苦しいのでやめましょう。

別の料理のトングを使わない

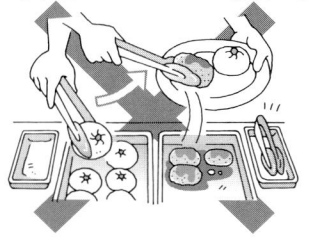

面倒だからと別の料理を取ったトングで次の料理を取ると、料理の味が混ざるのでやってはいけません。

食べた皿はテーブルの端に

食べ終えた皿をふたたび使うのはマナー違反です。テーブルの端に、重ねず並べて置きましょう。

料理の前で話し込まない

料理の前で友人や家族と話し込むと、他の人が料理が取れなくなるのでやめましょう。

これも知っておこう！

ビュッフェとバイキング、どこが違う？

　ビュッフェは、立食形式の食事のこと。バイキングは、日本のホテルがさまざまな料理をテーブルに並べる北欧料理に「バイキング」と名付けたものが、「食べ放題」として広まりました。

会席料理は料理ごとに正しい食べ方がある

器の持ち方、ふたの置き方など、日本の伝統料理のさまざまな決まりごとを覚えておきましょう。

会席料理の順番を知る

会席料理の献立

一、先付
お通し、突き出しなどとも呼ばれています。

二、わん物
旬の味や香りを楽しむ汁物です。

三、お造り（刺身）

四、焼き物

五、炊き合わせ（煮物）

六、揚げ物

七、蒸し物

八、酢の物

九、ご飯、止めわん、香の物

十、水菓子

会席料理は出される料理の順番が決まっています。どんな料理が出されるのか知っておきましょう。

1 先付

① → ③ → ② の順でも OK

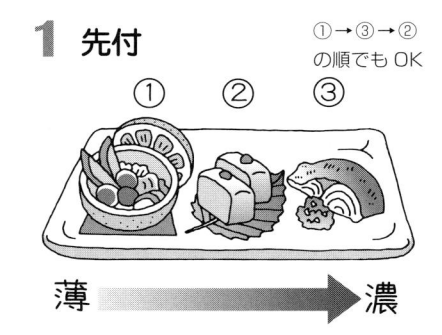

薄 ➡ 濃

3品のうちどの順番に食べてもよいのですが、迷ったら一番薄味の左側から順に食べるとよいでしょう。ただし真ん中から食べることは、「畜生食い」といって嫌われることがあります。

2 わん物

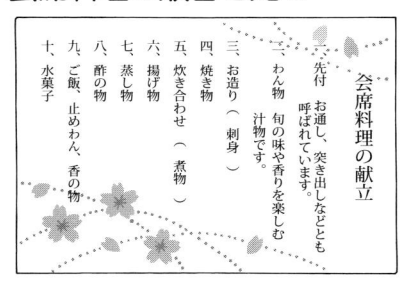

わん物はすまし汁です。わんのふたを開けたら、たてにして汁気を切り、両手で持って内側を上に置きます。

3 お造り

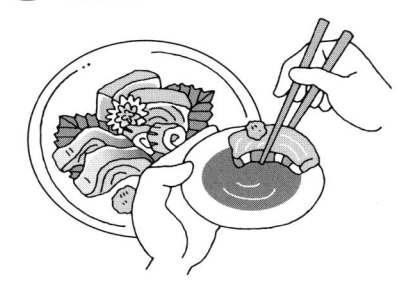

わさびは刺身にのせて、しょうゆをつけて食べます。しょうゆ皿を持ち、しょうゆがたれないようにします。

4 焼き物

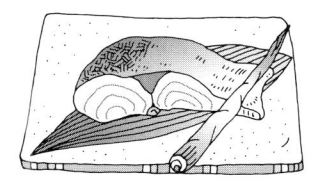

焼き魚が一般的。添え物のはじかみ（しょうが）は、魚の臭い消しなので最後にいただきましょう。

5 炊き合わせ

サトイモ、しいたけなどの煮物です。大きいものは、はしで一口大に切りましょう。

6 揚げ物

天ぷらがよく出されます。天ぷらを天つゆにくぐらせ、天つゆの器を手で持って食べましょう。

7 蒸し物

代表的なのが茶わん蒸しです。片手でふたを取り、水滴を器に落として裏返しにして置きます。

8 酢の物

酢の物は小さい器で出されるので、器を持って食べます。

9 ご飯、止めわん、香の物

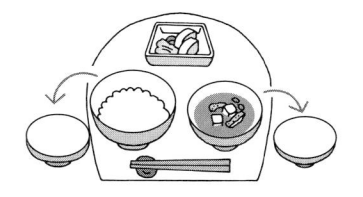

ご飯と止めわんのふたは水気を器の上で切って、裏返しにして器の横に置きます。ふたを重ねないようにしましょう。

10 水菓子

季節のフルーツが出されるのが一般的です。

外食

洋食ではナイフとフォークを正しく使う

料理ごとにナイフとフォークを替えて使い、パンは一口大にちぎります。音を立てずにきれいに食べましょう。

ナイフとフォークは外側から

ナイフ、フォーク、スプーンは外側から、料理が出てくる順に並んでいます。外側から使いましょう。

フォークの置き方

手を休めたいとき
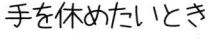

食べ終わったとき
または
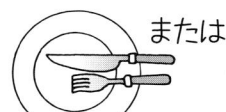

食事中のフォークとナイフは八の字に置きます。二の字は終わりを意味するので、片づけられてしまいます。

フォークの腹にライスをのせる

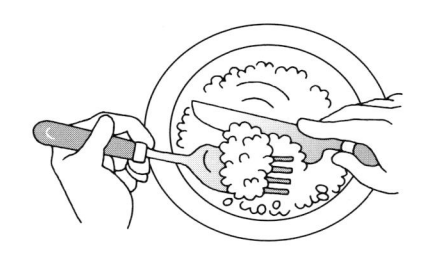

ライスはフォークのへこんでいる腹のほうに、ナイフでのせて食べましょう。

スープ皿の傾け方

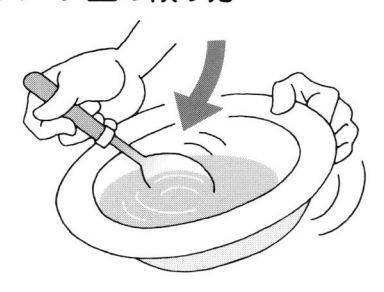

スープはスプーンですくって飲みます。すくえなくなったら、皿を向こう側に傾けてすくいましょう。

パンはちぎって食べる

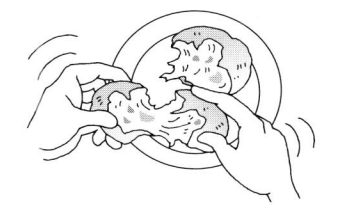

パンは手で一口大にちぎって食べます。パン皿がない場合は、テーブルクロスの上に置きましょう。

バターはパン皿に取る

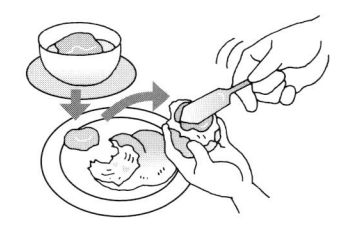

バターは直接パンに塗らないで、バターナイフでパン皿にとってから、ちぎったパンに塗りましょう。

パンくずは床に落とさない

パンくずがテーブルに落ちても、食後にスタッフが片づけてくれるので、床に落とさないようにしましょう。

ソースは料理にからめる

肉や魚料理のソースは、メインの食材や野菜などにからめてきれいに食べます。

音を立てないで食べる

ナイフやフォーク、皿などがぶつかり合って音が出るのはマナー違反です。音が出ないように食べましょう。

これも知っておこう！

フランス式では スープ皿は手前に倒す

68ページで紹介したスープの飲み方は、イギリス式です。フランス料理では向こうから手前にスプーンを動かすので、自分のほうに倒して飲むのをマナーとしています。

外食

中国料理では円卓とレンゲの使い方がポイント

円卓をスムーズに回せるように、皿、カップ、はしなどの置き方に気をつけましょう。

部屋の一番奥が上座

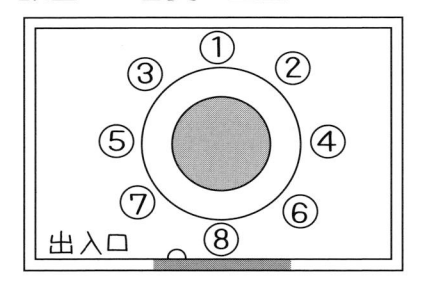

中国料理では、入口から一番遠い席が上座となり、主賓が座ります。料理は主賓から取ります。

円卓は時計回りに回す

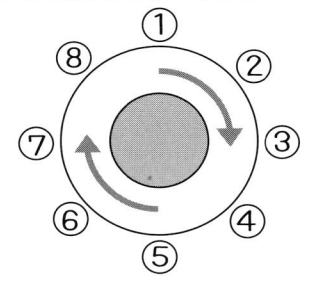

主賓が料理を取り分けたら、円卓のターンテーブルは、時計回りに回して、順番に料理を取ります。

料理は立って取らない

円卓に置かれた料理を立ち上がって取るのは行儀が悪いとされています。座って取りましょう。また、他人の分を取り分けるのはマナー違反です。

取りばしはきちんと置く

取りばしやサーバーが円卓からはみ出ていると、回すときにじゃまになります。はみ出ないように。

料理を取りすぎない

皿に盛られた料理は人数分です。ひとりだけ多く取りすぎないように気をつけましょう。

レンゲを正しく持つ

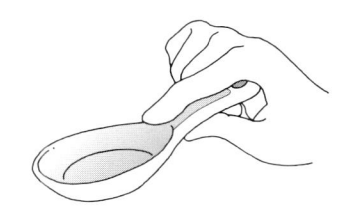

レンゲは柄の溝に人差し指を当てて、親指と中指でつまむようにして持ちましょう。

小龍包はレンゲにのせる

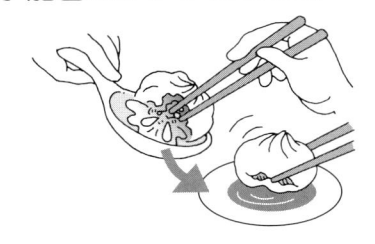

小龍包はレンゲにのせ、はしで皮を破りスープを先に飲みます。皮と具ははしでつかんでたれをつけて食べます。

まんじゅうは手で食べる

肉まんじゅうなどは、手で一口大にちぎって食べましょう。

これも知っておこう！

中国料理の
テーブルセッティング

中国料理にも洋食と同じようにテーブルセッティングの決まりがあります。はしはたてに置くのが本式ですが、日本では日本の習慣に基づいて手前に横向きで置く店が多いようです。

ファストフード店やカフェでは、席を譲り合う

テスト勉強や宿題などで席を長時間占有すると、他の人が使えず、店にも迷惑をかけるのでやめましょう。

席を長時間占有しない

飲み物をひとつだけ注文して、宿題やテスト勉強で1時間以上も席を占有するのは迷惑なのでやめましょう。

グループで騒がない

4、5人以上で大声でしゃべったり、騒いだりすると、他の人の迷惑になります。

ドリンクバーはむやみに使わない

DRINK BAR

飲み物を混ぜたり、カップにあふれるほど入れたり、飲み物で遊ぶのはやめましょう。

店の外でたむろしない

BURGER-W

テイクアウトしたものを、複数人で店の前をふさぐようにして食べると、店の迷惑になるのでやめましょう。

外食

セルフサービスの店では、食べっぱなしにしない

フードコートなどのセルフサービスの店では、料理を取りに行き、食べたら返却口に片づけましょう。

呼ばれたら取りに行く

食券の番号が呼ばれたり、呼び出し機が鳴ったりしたら、カウンターに速やかに取りに行きましょう。

水やお茶は自分で注ぐ

お茶や水は設置してあるサーバーで茶わんに注ぎます。他の人の分も率先して取りに行きましょう。

こぼしたらふきんでふく

汁などをこぼしたら、設置してあるふきんでふいて、食べた後のテーブルはきれいに元に戻しましょう。

食器は返却口に片づける

食べ終わった食器は、返却口に持っていき「ごちそうさま」とスタッフに伝えます。

お店に並んだ商品は ていねいに扱う

ショッピング

たなに置いてある商品を必要以上に触ったり、袋から出さないようにして、買わないときは元の場所に戻しましょう。

●スーパー・コンビニ

商品をつつかない

とくに生鮮食品は傷んだり、傷がついたりするので、つついたり、長い間手に持ったりするのはやめましょう。

買わないときは元に戻す

一度かごに入れても買わないときは必ず元の場所に戻します。別のたなに置くと食品が傷むのでやめましょう。

試食品を大量に食べない

試食は食品を味見して購入するかしないかを決めるためのものです。大量に食べると他の人に行き渡らず迷惑です。

カートを通路の真ん中に置かない

通路の真ん中にカートを置くと、他の人が通れなくなり、商品を選ぶことも取ることもできずに迷惑です。

●衣料品店・雑貨店

商品を触るのは最小限に

ベタベタと触ると、手あかなどがついて商品が汚れるので、触るのは必要最小限にしましょう。

勝手に袋から出さない

袋に入っている衣服や雑貨を開けて確かめたい場合は、店員に相談しましょう。

試着室で自撮りしない

試着したいときは、店員に声をかけてからにしましょう。また、試着室内での自撮りはやめましょう。

試供品でメイクしない

化粧品の試供品は、少し手の甲にとって試すためのものです。大量に使うと他の人が使えなくなってしまいます。

これも知っておこう！

試着したけれど買わないときは、ていねいに理由を伝える

「サイズが合いませんでした」「着てみたらイメージと違いました」などと買わない理由を伝えます。次に、「ありがとうございました」と試着させてもらったお礼を言いましょう。

映画館・美術館・図書館 映画館やコンサートでは、音を出さない

後ろの人が見やすいように帽子を取り、振動音も鑑賞の妨げになるのでスマホの電源は切りましょう。

帽子を取る

後ろの人がスクリーンやステージを見るときにじゃまになるので、席についたら帽子は取りましょう。

スマホの電源を切る

静かなシーンでは、スマホや携帯の振動音も周囲に聞こえ、鑑賞の妨げになります。電源は切りましょう。

席で不要な音を立てない

食べ物などの袋でガサガサと音を立てる、友人と話をするなどは、映画や演奏の音が聞きづらくなり迷惑です。

スマホをチェックしない

暗いホールでスマホをチェックすると、画面のライトがチラチラして、鑑賞の妨げになるのでやめましょう。

映画館・美術館・図書館

美術館では作品を大切にし、静かに鑑賞を楽しむ

大きな荷物は展示品を傷つけることがあるので、必ずロッカーなどに入れます。長時間立ち止まると他の人が見られないのでやめましょう。

かさや大きな荷物はロッカーへ

作品にあたって傷つけるおそれがあるので、かさや大きな荷物は必ずロッカーなどに置いてから入場しましょう。

周りと譲り合って鑑賞する

混雑しているときに、作品に近づいて長時間立ち止まると、他の人が見られないのでやめましょう。

順路を守る

順路と書かれた表示に従って鑑賞しましょう。流れに逆らうと、多くの人の鑑賞の妨げになり迷惑です。

小さな声で会話する

静かに鑑賞したい人もいるので、鑑賞中に話したいことがあるときは、小さな声で話しましょう。

動物園や水族館では、動物を驚かせない

映画館・美術館・図書館

フラッシュや大声で騒ぐなど動物を興奮させる行為は控え、病気になるおそれがあるのでお菓子などはあげてはいけません。

お菓子などをあげない

持っているお菓子などを勝手に動物や魚に与えると、病気になることがあるので、絶対にやめましょう。

フラッシュをたかない

カメラのフラッシュなどのまぶしい光は、動物や魚にとっては大きなストレスになり、健康を害してしまいます。

触った後は手を洗う

ふれあいコーナーなどで動物や魚を触った後は、感染症予防のために必ず手を洗いましょう。

ガラスをたたかない

ガラスをたたくと、動物や魚などが驚いたり、ストレスを感じて弱ってしまったりするので、たたいてはいけません。

図書館では静かに過ごし、本を大切に扱う

映画館・美術館・図書館

読書の妨げにならないように静かにふるまい、次に借りる人のことを考えて、本はきれいに扱いましょう。

本を汚さない

本のページを折る、線を引くなどすると、次に借りた人が読みづらくなります。本は大切に扱いましょう。

静かに行動する

周りで読書や調べものをしている人の妨げにならないように、私語をつつしんで、静かに行動しましょう。

パソコンやスマホは所定の場所で

パソコンを操作する音は意外と響き、スマホでの通話も騒音になります。決められた場所で使いましょう。

元のたなに戻す

読んだ本を戻すときは、他の人が借りるときにわからなくならないように元のたなに戻しましょう。

選手や試合のじゃまに ならないように応援する

応援中に興奮して座席に立つ、フィールドに立ち入るなど、選手や他の観客に迷惑になる行為はしてはいけません。

興奮してはしゃがない

試合中に興奮して、座席に立ったり、フェンスによじのぼったりすると、試合が中断されることがあり、選手や周囲に迷惑をかけます。

フィールドに立ち入らない

選手の集中力を妨げ、試合の流れを変えてしまうので、試合中にフィールドに立ち入ってはいけません。

ひどい野次を飛ばさない

「バカ！」「ヘタ！」などのひどい野次は、周囲や選手たちとのトラブルのもとです。はげましの言葉をかけましょう。

差別発言をしない

相手に対して差別的な発言は絶対にしてはいけません。出入り禁止など厳格な処分が下されます。

相手チームをたたえる

試合終了後は、勝ち負けにかかわらず、相手チームにもエールを送りましょう。

横断幕は所定の場所へ

選手の応援に欠かせない横断幕は、決められた場所に掲げるようにしましょう。

テニスは静かに観戦する

選手の集中力を妨げないように、プレー中には会話はつつしみ、音を出さないようにします。

自転車で並走しない

マラソンや駅伝の応援で歩道を自転車で並走すると、歩行者に衝突するなどの事故になるのでやめましょう。

これも知っておこう！

マラソンでの ペットの飛び出し

　マラソン観戦をしていた人のペットが道路に飛び出し、選手が転倒する事故が起こったことがあります。ペットを連れていくときは、飛び出さないようにしっかりとリードを持ちましょう。

日本では OK でも 海外旅行ではNGなマナー

旅行などで、ほかの国を訪問するときは、日本とは違う文化やマナーに注意しましょう。

手まねきは手の甲を下に

海外では、手まねきのジェスチャーは手の甲を下にして指を動かすのが一般的です。

空港が撮影禁止の場合も

機密保持の観点から、空港構内や地下鉄構内が撮影禁止となっている国もあるので、気をつけましょう。

勝手に知らない人を撮影しない

海外では、写真に撮られることを警戒する人が日本以上に多くいます。無断で撮影することは避けましょう。

あいまいな笑みは避ける

言葉がわからないとき、ほほえんでごまかさずに、日本語で「わかりません」と言ったほうが意思疎通ができます。

残さず食べるのは失礼なことも

中国などでは、出された食事を全部食べることは「足りない」を意味し失礼だとみなされることがあります。

鼻をすするのはいやがられる

とくに欧米では、鼻をすするのはタブーとされます。人前であっても鼻をかむほうがよいのです。

トイレットペーパーには注意

国によっては、トイレットペーパーは便器に流さず、備えつけのゴミ箱に捨てます。はじめに確認しましょう。

トイレのドアをノックしない

国によっては、ノックをすることは「早く出てくれ」という意味になってしまうので気をつけましょう。

これも知っておこう！

長時間のフライトでは座席マナーに注意

　長時間過ごすことが多い飛行機のなかでは、足を前の席にあてない、食事中はリクライニングシートを倒さないなど、まわりを気づかって気持ちよく過ごしましょう。

宿泊施設では他の人のことを考えて行動する

ロビーや廊下は多くの人が利用する公共の場です。他の人に迷惑をかけないように心がけ、備品を大切に扱いましょう。

遅れるときは連絡する

チェックインや外出から帰るのが遅くなるときは必ず連絡をして、何時ごろ到着するか伝えましょう。

ロビーで騒がない

ロビーは大勢の人が利用するので、騒いだり、出入口でたむろしたりしないようにしましょう。

貴重品の管理に注意する

さまざまな人が出入りするので、貴重品は荷物に入れておかず、いつも携帯するかフロントに預けます。

備品は大切に扱う

他の人も使うので、部屋にあるソファー、テレビ、リモコンなどの備品はていねいに扱いましょう。

テレビのボリュームに注意

隣の部屋などの迷惑になるので、テレビなどのボリュームを必要以上に上げないようにしましょう。

廊下で騒がない

廊下の声や足音は多くの部屋に響きわたるものです。廊下は公共の場なので、静かに歩きましょう。

部屋で暴れない

飛びはねたり、壁をたたいたりすると、階下や隣の部屋に響いて、不快な騒音になります。

備品を持ち帰らない

コップ、バスタオルなどの備品は持ち帰れません。持ち帰っていい備品は宿泊施設により異なるので確認しましょう。

スリッパの使用に注意

ホテルでは、部屋の外でのスリッパや浴衣の使用を禁止しているところが多いので、気をつけましょう。

部屋は整とんして帰る

部屋を散らかしたまま帰らないで、ゴミはゴミ箱に捨て、浴衣やタオルはまとめておきましょう。

温泉施設の脱衣所は
きれいに使う

周りの人が不快な思いをしないように、脱いだものは整とんしてかごに入れ、入浴後は出入口で水気をふきとりましょう。

履き物をそろえる

脱衣所の出入口で脱いだ履き物は、脱ぎっぱなしにしないで、きちんとそろえて置くか、下駄箱に入れましょう。

貴重品はロッカーへ

多くの人が出入りするので、貴重品は備えつけのロッカーに入れるか、フロントに預けましょう。

脱いだものを整える

脱いだ衣服は、脱ぎっぱなしにしないで、きちんとたたんで、脱衣かごやロッカーにしまいましょう。

裸でウロウロしない

浴室まで移動するときは、体の前をタオルで隠しましょう。

備品を占有しない

ドライヤー、洗面所は多くの人が使います。長時間ひとり占めすると他の人が使えないので、やめましょう。

洗面所をきれいに使う

洗面受けに髪の毛が落ちていると、次の人が不快な思いをします。ティッシュなどで始末しておきましょう。

忘れ物をしない

下着や髪どめ、洗面用具などをロッカーや脱衣かごに忘れないように、帰り際に確認しましょう。

これも知っておこう！

海外からの友だちには 入浴法を教えてあげよう

海外の友人には、「体をサッと洗ってから湯船に入る」「湯船にタオルや石けんは入れない」「水着は着用しない」などの日本独特のマナーを教えてあげましょう。

湯船に入るときは、ゆっくり静かに入る

大きい湯船にざぶんと飛び込んだり、立ってシャワーを使うと、周りの人に水しぶきがかかるのでやめましょう。

体を洗ってから湯船に入る

外から来たまま湯船に入るのは不衛生なので、必ず体を洗ってから入るようにしましょう。

湯船にタオルをつけない

タオルを湯船につけるのも、湯が汚れて不衛生なので、湯船の隅などに置くか、頭にのせて入りましょう。

湯船には静かに入る

湯船にいきおいよく入ると、他の人にしぶきがかかって迷惑です。静かにゆっくりと入りましょう。

浴室で走らない

床はぬれてすべりやすくなっています。走ると転倒する危険があるので、ゆっくり歩きましょう。

シャワーは交代で使う

シャワーを使い終わったあとは、次の人のために水で流しておきます。タオルなども移動させて次の人に譲りましょう。

髪を湯船につけない

髪が湯につかると不衛生で、他の人に不快な思いをさせてしまいます。髪の長い人は結びましょう。

湯船で泳がない

湯船がいくら広くても、水しぶきが他の人にかかるので、泳ぐのはやめましょう。

洗面器や椅子を片づける

浴室から出る際には、使っていた洗面器や椅子は、元の場所にきちんと戻しましょう。

これも知っておこう！

湯上がりは脱衣所の前で体をふく

浴室から出る前、出入口で、固くしぼったタオルで体をふくようにしましょう。

びしょぬれのまま脱衣所に行くと、床がぬれてしまうし、周囲の人にも迷惑です。

観光地

店内や景勝地で
食べ歩きはしない

売店で購入した食べ物を、他の店舗や博物館、景勝地で食べ歩くと、展示物や景観を汚す原因になるのでやめましょう。

売店コーナーで食べる

売店で買った食べ物は、付近にある飲食コーナーか、乗ってきた車やバスの中で食べるようにしましょう。

店内に持ち込まない

付近のみやげ物店や博物館に食べながら入ると、触れたり、こぼしたりして汚してしまうのでやめましょう。

容器はゴミ箱に捨てる

食べ物の容器や串などは、売店に備えてあるゴミ箱など、指定の場所に捨てましょう。

ゴミ処理は外出先の ルールに従う

観光地

飲料のペットボトルや食べ物の袋や容器などのゴミは、地域の ルールに従って捨てるか持ち帰るようにしましょう。

山ではゴミを持ち帰る

標高の低い山でも登山者のゴミの持ち 帰りは当たり前になっています。ゴミ 袋を用意していきましょう。

観光地によるゴミの分別

ゴミ箱を設置している観光地でも、地 域によって分別の仕方が違います。表 示をよく見て捨てましょう。

トイレに置いていかない

ゴミを公衆トイレに置いていくと、ト イレが汚れ、後から利用する人の迷惑 になるのでやめましょう。

これも知っておこう！

人間の捨てたゴミが 野生動物の命を奪う

人間の捨てたビニール袋を飲 み込んで死んでしまう野生動物 が後を絶ちません。ゴミのポイ 捨ては絶対にやめましょう。

観光地

人気スポットでの写真撮影は ほどほどにする

撮影禁止ではないか、まず確認しましょう。人気スポットでは場所を占領せず、周りの迷惑にならないようにします。

混雑時に自撮り棒は使わない

大勢の人で混んでいるお祭りや人気スポットでは、事故のもとなので自撮り棒を使わないようにしましょう。

禁止区域に入らない

よい写真を撮ろうと思うあまり、入ってはいけない芝生や私有地、危険な場所などに入ってはいけません。

料理はことわってから撮る

レストランなどで、おいしそうな料理を撮影したいときは、勝手に撮らずに店員さんに確認してからにしましょう。

神社仏閣ではとくに注意

お寺にある仏像や神社の本殿などは、撮影禁止となっている場合が多くあります。注意書きを確認しましょう。

観光地
きちんと装備をして暗くなる前に下山

標高の低い山でも天候が急変します。思わぬケガや遭難することがないように、装備を整えて日没前に下山しましょう。

どんな山でも十分な装備を

ケーブルカーで行ける1000m以下の山でも、天候は突然変わります。装備をきちんとして行きましょう。

日没までに下山する

山は日没後は真っ暗になり、遭難の危険が高まります。日暮れ前に下山する計画を立てましょう。

こんにちは

下りでは道を譲る

山では登りが優先です。下山するときに、登ってくる人とすれ違ったら、道を譲りましょう。

自然のものを持ち帰らない

国定公園や国立公園に指定されている場合は、草花だけでなく石ころひとつ持って帰ってはいけません。

神社仏閣では、静かに参拝する

神社仏閣は神聖な場所です。静かに行動し、手を清めてからお参りをしましょう。

手を清めてから参拝

神社や寺院にある手水舎で、手と口をすすいで、清めてから参拝するのが一般的なマナーです。

神社で参拝する

鈴を鳴らしてさい銭を入れた後、二礼して、二回柏手を打ち、それから一礼して参拝するのが一般的です。

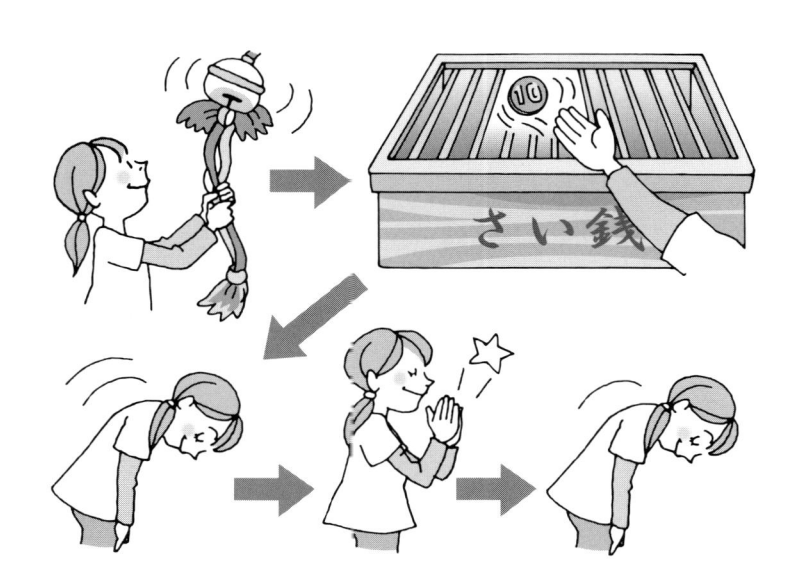

寺院での拝み方

常香炉がある場合は、煙で体を清めます。本尊の前では、さい銭を入れて、静かに手を合わせて一礼します。

おみくじは指定場所に結ぶ

おみくじは結んでも持ち帰ってもかまいません。境内に結ぶときは、決められた場所に結びましょう。

観光地

お茶席では、茶道の手順にのっとり楽しむ

観光地などで茶席に参加できることがあります。手順を覚えておくと、緊張しないで楽しむことができます。

1 次の人と亭主にあいさつをする

次の人に「お先に」と伝え、亭主に「お点前ちょうだいいたします」とあいさつして茶わんを両手で持ちます。

2 茶わんを回す

茶わんを時計回りに2回回します。お茶を飲む場所が、茶わんの正面から少しずれるように回します。

3 抹茶をいただく

飲む回数に制限はないので、茶わんに入っている抹茶を何回かに分けて飲みましょう。

4 飲み終わったらふく

飲み口を親指と人差し指でふき、その指を懐紙でふきます。次に、もとにもどして器をていねいに見てから、亭主に正面を向くように置きます。

キャリーバッグの引き方

キャリーバッグは荷物を楽に運べて便利ですが、移動中は周囲の人にぶつからないように引きましょう。

◉混雑時は体の真横で引く

混雑時に、キャリーバッグのバーを伸ばして後ろ側に倒して引くと、周りの人の進路を妨害したりつまずいて転倒させたりしてしまいます。

2輪の場合はバーを伸ばしすぎず、できるだけ体から離れないように注意します。4輪の場合は、体の真横で引くようにしましょう。

◉ストッパーで転がりを防止する

電車やバスなどの乗り物に乗ったときや、宿泊施設のロビーや店内でキャリーバッグを一時的に置くときは、必ず車輪についているストッパーをかけましょう。ストッパーがない場合は、手でしっかりと押さえます。

そのまま放置すると、なにかの拍子に転がって、人や物にぶつかり思わぬ事故のもとになります。

パート5

訪問マナー・おもてなしマナー

訪問

訪問は食事どきを避け、少し遅れて到着する

友人の家や親せき、近所の家を訪問するときは、玄関前で身支度を整えてからインターホンや呼び鈴を押しましょう。

食事どきは避ける

友人や親せき、近所の家を訪問する場合は、朝昼晩の食事時間は避けるようにしましょう。

約束の時間より少し遅く訪ねる

5分遅れ

訪問先では来客の準備で忙しくしているので、約束していた時間よりも5分ほど遅れて行きましょう。

玄関前でコートを脱ぐ

コートを着たままあいさつするのは失礼です。呼び鈴を鳴らす前にコートを脱ぎ、裏返しにたたんで腕にかけます。

かさの水滴をはらう

雨の日は、玄関前で衣服やバッグをふき、かさについている水滴をはらいましょう。

訪問

玄関に上がったら靴をそろえ、コートは玄関の端に置く

玄関ではあいさつをして、上がるようにすすめられてから「おじゃまします」と言って、正面を向いて上がりましょう。

あいさつをする

こんにちは

いらっしゃい

玄関の中に通されたら、あいさつをしましょう。相手の目を見て、おじぎをします。

正面を向いて上がる

「どうぞ」とうながされたら正面を向いて上がります。後ろ向きは相手にお尻を向けることになり失礼です。

靴を直す

家に上がったら、靴は脱ぎっぱなしにしないで、後ろを向いて靴の向きを直しそろえましょう。

コートをたたむ

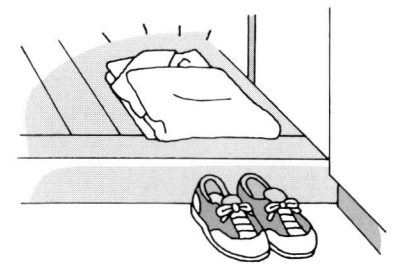

玄関では中央が上座になるので、手に持っていたコートは、たたんで玄関の端に置きましょう。

友人宅に泊まるときは、相手の習慣に合わせる

食事や入浴、消灯時間などは、相手の家の習慣に合わせます。
夜中に騒いで他の家族に迷惑をかけないようにしましょう。

素足で上がらない

仲のよい友だちの家でも、素足で上がるのは失礼です。靴下などを必ず履いていきましょう。

手みやげを渡すタイミング

部屋に通されてあいさつをするときに渡します。ただし、冷たいものなどは玄関先で渡してもかまいません。

歯ブラシなどを持参する

相手先に気をつかわせないように、最低でも歯ブラシやパジャマ、できればバスタオルも持参します。

手伝いを申し出る

手伝うことはありませんか？

「なにか手伝うことはありませんか」と、食卓の準備などの手伝いを申し出るのもよいことです。

食事では友人の家族と会話する

食事など家族といっしょに過ごす時間は、友人だけでなく、友人の家族とも会話をします。

食後は食器を片づける

食事が終わったら、食器を片づけましょう。キッチンに入られたくないという家庭もあるので、どこまで運ぶか確認するとよいでしょう。

友人の家の習慣に従う

「入浴は食事の前」「就寝は夜10時」など、友人の家の習慣に従います。夜中に騒がないようにしましょう。

浴室はきれいに使う

浴室を使ったら、シャンプー、洗面器や椅子を整とんしてから出るようにしましょう。

着替えた衣服はたたむ

脱ぎっぱなしは見苦しいので、衣服はたたんで枕元に置くか、しまっておきます。

部屋のあと片づけをして帰る

お菓子の袋などはゴミ箱に捨て、出したものはしまうなど、部屋を散らかしたらあと片づけをしてから帰りましょう。

お茶やお菓子はこぼさずにきれいに食べる

訪問

お茶の正しい飲み方や和菓子の食べ方を覚えておくと、かしこまった席であわてずに済みます。

●日本茶（右ききの場合）

1 日本茶は左手を添える

左手で茶たくを押さえ、右手で茶わんのふたのつまみを持ちます。ふたはたてにしてしずくを茶わんに落とします。

2 ふたを裏返して置く

ふたの裏側を上にして、茶わんの右側に置きます。

3 茶わんを持つ

左手は茶たくに添え、右手で茶わんを持ちます。茶わんを左手にのせて、両手で口に持っていきましょう。

4 茶わんにふたをする

飲み終わったら、ふたの右端を右手で持ち、次に左手で反対側を持ちます。さらにつまみを右手で持って、左手は茶わんに添えて静かにしめます。

●和菓子

和菓子はお茶の後で

茶道ではお菓子を先にいただきますが、煎茶の場合はお茶をいただく前にはお菓子に手をつけません。

和菓子の食べ方

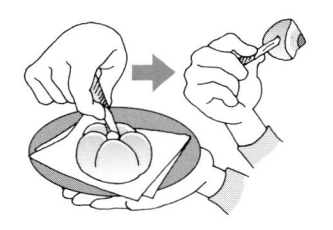

お皿を手に持ち、黒文字（和菓子用の大き目のようじ）で、一口大に切って、刺して口に運びます。

まんじゅうは手で割る

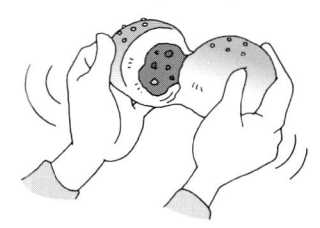

まんじゅうは、手で割っていただきます。一口で食べてはいけません。

かりんとうは手でつまむ

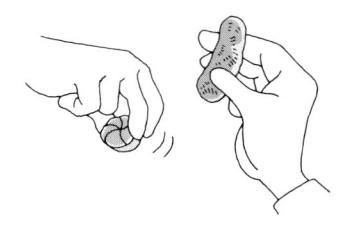

かりんとうやらくがんは、そのまま手でつまんで食べましょう。

これも知っておこう！

茶道の楽しみの ひとつは「音」

茶道には、静寂だからこそ楽しめる「三音」があります。釜のふたをずらす音、茶杓で茶わんの縁を打つ音、湯水を釜や茶わんに注ぐ音です。茶席では、これらの音に耳を傾けましょう。

紅茶と洋菓子の正しい いただき方を覚える

紅茶のレモンやケーキのフィルムなどの扱い方を覚えておく と、スマートに美しくいただくことができます。

●紅茶

1 レモンはくぐらせる

レモンティーは、スライスレモンをス プーンにのせて紅茶に入れ、軽くひと 混ぜして取り出します。

2 スプーンは奥に置く

使ったスプーンは、カップの奥に置き ましょう。

3 ティーカップは柄をつまむ

親指、人差し指、中指で柄をつまんで 持ち、他の2本の指はカップに添えて 支えるように持ちます。

●ケーキ

1 ケーキのフィルムをはずす

フィルムの端をフォークではさみ、くるくると巻き取ります。はずしたフィルムは皿の手前に置きます。

2 左端から食べる

左端から一口大に切って食べます。クリームだけ先に食べるのは、行儀が悪いのでやめましょう。

3 ミルフィーユは倒して食べる

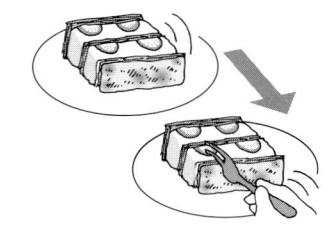

ミルフィーユなど、パイ生地が重なっていて切りにくいものは、横に倒してから一口大に切りましょう。

これも知っておこう！

ケーキが倒れてしまっても、戻す必要はない

ケーキを食べるときにフォークを入れたら、倒れてしまうことがあります。このようなときでも、あわてて手で元に戻さないで、倒れたまま左端から食べましょう。

訪問

和室でのあいさつは、しきたりに従ってふるまう

いざというときに困らないように、ふすまは座って開ける、畳のへりは踏まないなどの和室のふるまい方を覚えましょう。

1 声をかけてからふすまを開ける

失礼します

←→10cm

「失礼します」と言って右手を引き手にかけ、まず10㎝ほど開けてから、親骨（ふすまの枠）に手をあてて体の半分ほど開けます。

2 下座の足から入る

手をかえて体が入る程度ふすまを開けたら、床の間がないほう（下座）の足から部屋に入ります。

3 下座に座ってあいさつする

ふすまに向いて座って閉めます。すすめられたら下座に座り、正座をして畳に両手をついてあいさつをしましょう。

畳のへりを踏まない

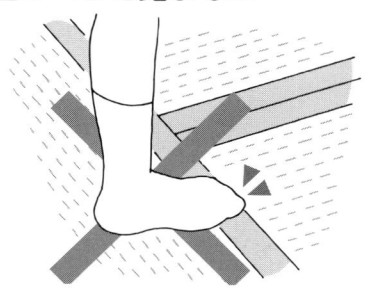

部屋に入るときに敷居を踏んだり、移動するときに畳のへりを踏んだりしてはいけません。

訪問

洋室では立ったまま あいさつをする

ソファーや椅子に座るようにうながされても座らないで、立ったままあいさつをしましょう。

1 あいさつをする

リビングに通されたら、座る前に、立ったままあいさつをします。玄関先よりもていねいにしましょう。

2 手みやげを両手で渡す

テーブルの脇に立って、手みやげを紙袋から出して、両手で差し出しましょう。

3 バッグはテーブルに置かない

椅子に腰かけたら、小さなバッグは背もたれと腰の間、大きなバッグは床に置きます。

4 洋室でも下座に座る

長椅子ひとり掛け　種類の違う　同じ椅子の
椅子のある部屋　椅子のある部屋　ある部屋

席をすすめられるまでは、下座に座りましょう。下座は、窓や絵画の位置、椅子の種類によって違います。

友だちや親せきが快適に過ごせるように準備をする

来客がある場合は、心地よく過ごせるようふだんより念入りにそうじをして、おもてなしの準備をしましょう。

玄関、部屋などをそうじする

玄関、廊下、部屋、トイレなどをしっかりとそうじして、訪問客が気持ちよく過ごせるようにします。

お茶菓子を用意する

友人や親せきなどの訪問客をもてなすために、好きな食べ物や飲み物を用意しましょう。

スリッパ、ハンガーを用意する

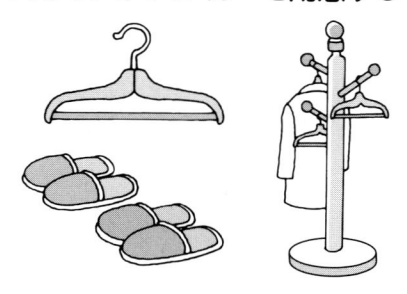

玄関にスリッパをそろえて置き、コートをかけるハンガーやハンガーラックを備えておきます。

室内を適温にしておく

室温を冬は暖かく、夏は涼しくしておいて、外から来た訪問客が快適に過ごせるようにしておきましょう。

居心地よく泊まれるように準備をする

友人が泊まりに来るときは、部屋だけでなく寝具やタオルなどの準備をして快適に過ごせるようにしましょう。

布団を干す

気持ちよく寝られるように、前日には布団や枕を干しておき、シーツや枕カバーを取り替えましょう。

アレルギーがないか聞いておく

食物アレルギーがないか、苦手な食べ物はないか、事前に聞いておきましょう。

浴室をそうじする

浴室や脱衣所をいつもよりも入念にそうじして、足ふきマットも取り替え、清潔にしておきましょう。

歯ブラシとタオルを準備する

友だちが困らないように、歯ブラシやフェイスタオルなどの洗面用具も用意しておくとよいでしょう。

和室では上座に案内し、お茶は茶たくにのせて出す

床の間や仏壇がある上座に案内して、お茶菓子は盆にのせて畳の上に置きます。茶たくを持って訪問客に出します。

1 上座へ案内する

訪問客を上座に案内します。親せきなどが数人いる場合は、年齢が高い順に上座に案内しましょう。

2 お茶は7分目が目安

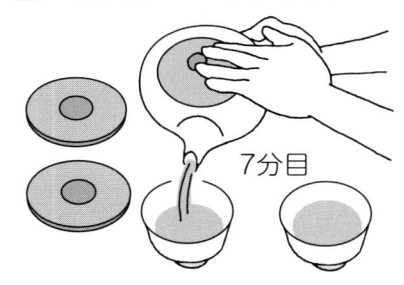

7分目

キッチンで急須から茶わんの7分目の分量までお茶を注ぎます。茶たくは茶わんからはずしておきます。

3 茶わんと茶たくをセットする

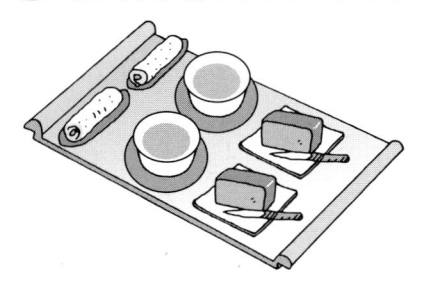

訪問客の前では、茶わんに直接触れません。キッチンで湯飲み茶わんを茶たくに置いて盆にセットします。

4 畳に盆を置く

和室ではテーブルに盆を置かないで、訪問客の横の畳に置いて、お茶菓子をもてなします。

5 上座の人から配る

お茶やお菓子は、上座の人から配ります。下座側（入口から近いほう）から出しましょう。

おしぼり　お茶　お菓子

訪問客の右側からおしぼり、お茶、お菓子と並べます。先に出した器の上を越えて出さないよう、上座側の器から順に出しましょう。

6 茶わんは正面を向けて置く

正面

湯飲み茶わんの絵柄を、訪問客のほうに向けて置きましょう。

7 30分に一度は入れ替える

お茶は30分に一度は入れ替えます。つぎたさないで、残っているお茶は茶こぼしに捨てましょう。

これも知っておこう！

上座・下座の基本的な考え方

上座は「出入口からもっとも遠い席」、下座は「出入口からもっとも近い席」というのが基本です。ただし、外の景色や絵画を眺められる席が上座になることもあります。

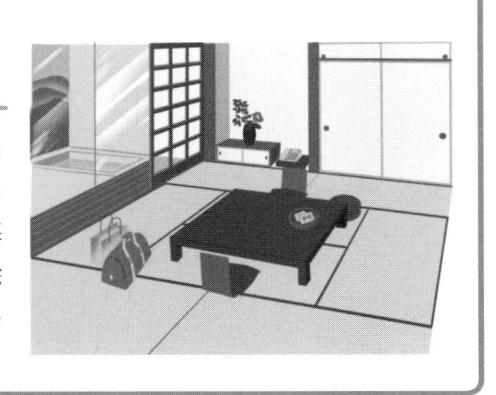

おもてなし

洋室ではお茶菓子をテーブルに置いて配る

お茶菓子はトレイにのせて運び、テーブルかサイドテーブルに置いてから、訪問客に配りましょう。

1 上座に案内する

どうぞ

部屋に入ったら、まず上座に案内しましょう。数人の場合の、座る順番は和室と同様です。

2 飲み物の種類を聞く

お飲物はなにがいいですか?

コーヒーが苦手な人もいるので、緑茶、紅茶など、なにがいいか聞きましょう。

3 サイドテーブルに置く

キッチンでお茶やお菓子をトレイにセットし、リビングのサイドテーブルかテーブルに置きます。

4 下座側から出す

訪問客の下座側から、お菓子、お茶、おしぼりの順で出します(下座が訪問客の右側の場合)。

おもてなし

いただいた手みやげは 一段高いところに置く

いただいた手みやげを部屋の隅に置きっぱなしにするのは失礼です。床の間などに置くか、お茶といっしょに出しましょう。

1 両手で受け取る

ありがとうございます

手みやげをいただいたら、感謝の言葉を述べて、両手で受け取りましょう。

2 床の間などに置く

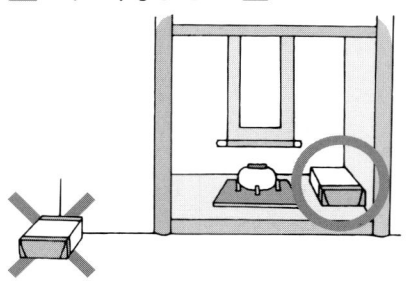

部屋の隅に置かずに、床の間や仏壇に上げるなど、格式の高いところに置き、ていねいに扱いましょう。

お茶といっしょに出してもよい

おもたせですが・・・

「おもたせですが」と一言添えて、お茶といっしょに出しても失礼にはあたりません。

これも知っておこう！

「おもたせ」の 意味を知る

「おもたせ」とは、「御持たせ物」を略した言葉です。

お客さんが持ってきたおみやげを、お茶菓子として出すときに「おもたせで、失礼ですが」と言い添えます。

お見送りはできるだけ玄関の外まで

一戸建ての場合は玄関や門の外まで、集合住宅ではエレベーターか出口まで見送りましょう。

玄関ではお礼を伝える

ありがとうございました

訪問や手みやげのお礼を伝え、訪問客が靴を履き終わってからコートを渡します。

一戸建ては玄関の外で見送る

一戸建ての場合は、玄関先や門の外に出て訪問客の姿が見えなくなるまで見送ります。

集合住宅での見送り方①

集合住宅の場合は、エレベーターまで見送るのが一般的です。エレベーターのドアが閉まるまで見送ります。

集合住宅での見送り方②

先生や祖父母など目上の人には、エレベーターでいっしょに出口まで行って、見送るとていねいです。

おもてなしのときに注意すべきこと

お尻を向けるのは失礼にあたるので、訪問客にはなるべく背中を向けないようにして部屋まで案内しましょう。

体をななめにして案内する

どうぞ

廊下を案内するときは、訪問客より少し前を歩き、体をななめにしてお尻を向けないようにします。

引き戸やドアは外側で案内

引き戸や引くタイプのドアは、ドアを開けながら後ろに下がり、訪問客を先に部屋へ案内します。

●洋室
押すドアは部屋の中に入って案内

ドアを開けたら、部屋に先に入ってドアを押さえながら、訪問客を部屋へ導きます。

●和室
ふすまは座って開ける

ひざをついてふすまや障子を開けて、訪問客に先に入ってもらうように案内します。

スポーツ用品や楽器の持ち方

ラケットやバット、ギター、バイオリンなどの持ち運びは、
周囲の人にあたらないように注意しましょう。

●背の高いスポーツ用品は、たてにして運ぶ

　野球のバットやテニスのラケットはケースに入れて運び
ますが、混雑している場所で水平に持つと周囲の人にあ
たって迷惑になります。たてにして持ち運びましょう。

　また混雑した電車やバスでは、たてにして背負うと後ろ
の人の迷惑になります。前側でたてに抱えるようにして持
ちましょう。床につけると手で支えるだけなので楽です。

●車中では大きな楽器を前で支える

　ギターやバイオリン、トランペットなどの楽器も、混雑
した場所ではたてに持ちましょう。

　背負うタイプのケースは便利ですが、バスや電車では前
に抱えるか、床につけてたてにして持つと、スペースを取
らずに済みます。

パート6

冠婚葬祭の
マナー

結婚式では制服に革靴を着用する

結婚式や披露宴では、学生は制服が礼服になります。制服がないときは、ジャケットやワンピースを着用しましょう。

制服で出席する

中高生の礼服は制服です。運動靴はフォーマルではないので、革靴を履きましょう。

制服の第一ボタンはしめる

制服のワイシャツやブラウスの第一ボタンやネクタイは、きちんとしめるのがマナーです。

制服がない場合

男子はブレザーとスラックス、女子はワンピースやツーピースなど、フォーマルな衣服を着ましょう。

スニーカー、サンダルは NG

フォーマルな場では、スニーカー、サンダル、ブーツ、ミュールはマナー違反です。

髪は整える

ボサボサの髪は失礼にあたります。きちんと整えましょう。ロングヘアの場合は、まとめるようにします。

パーティーバッグを持つ

ワンピースやドレスの場合のバッグは、小さめのパーティーバッグを持ちましょう。

素足は失礼にあたる

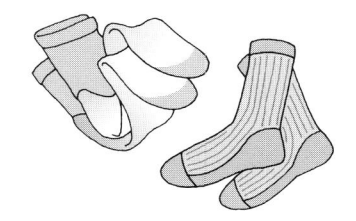

ワンピースやドレスを着用するときは、ストッキングを履きます。男子も紳士用靴下を着用しましょう。

これも知っておこう！

最近では、パーティードレスやスーツを着用することも多い

披露宴のように華やかな場では、制服ではなく、パーティードレスやスーツを着用することが多くなっています。

昼と夜ではドレスコードが違うので注意しましょう。

受付では「おめでとうございます」と笑顔でお祝いを伝える

保護者が受付をするときに、かたわらでボーッと立っているのは失礼です。にこやかにお祝いの言葉を述べましょう。

受付であいさつをする

おめでとうございます

受付では家族とともに笑顔で「本日はおめでとうございます」とお祝いを述べましょう。

言ってはいけない言葉

新たな人生のスタートを切ったね

結婚式では、「別れる」「切れる」など、言ってはいけない忌み言葉があるので注意しましょう。

贈り物は持参しない

結婚披露宴にお祝いの品は持っていきません。贈りたいときは、事前に本人に渡すか送っておきましょう。

贈ってはいけない品

結婚のお祝いには、グラスなどの割れるもの、ナイフなどの切るものは贈ってはいけないとされています。ただし、相手が希望している場合は問題ありません。

結婚式

控室では新郎新婦の家族に お祝いのあいさつをする

式が始まるまで親族控室で待ちます。新郎新婦の家族が同席していたら、親といっしょにお祝いの言葉を伝えましょう。

新郎新婦の家族にあいさつする

おめでとうございます

新郎新婦の家族が同席していたら、親といっしょにお祝いの言葉を伝えましょう。

お茶菓子を食べすぎない

控室に用意されているお茶菓子を食べすぎると、披露宴の料理が食べられなくなるので控えめにします。

控室で騒がない

久しぶりーっ!!
キャー!

久しぶりに会った親せきたちと、騒がしくすると、他の親族の迷惑になるので静かに過ごしましょう。

覚えておきたい祝儀袋

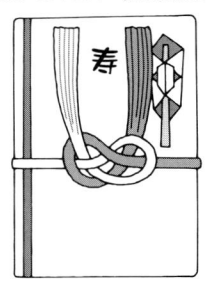

寿

結婚式の祝儀袋は、結び切り（あわじ結び）といって、「1回限り」を意味する結びのついたものを使います。

結婚式

式場では静かに式を見守り、披露宴ではスピーチなどに拍手をする

神聖な場所で行う結婚式では、厳粛な態度で式を見守りましょう。披露宴では、スピーチや余興に拍手をします。

挙式では厳粛にする

挙式は神聖な場での、正式な儀式です。ふざける、足を組むなどせずに、厳粛な態度で参加しましょう。

挙式中は撮影禁止

神前、教会、寺院など、挙式を行なっている最中は撮影禁止です。カメラやスマホで撮影するのはやめましょう。

親族紹介ではおじぎをする

挙式後に両家の親族を紹介する場が設けられます。紹介されたら、相手の親族におじぎをしましょう。

教会では讃美歌を歌う

教会での挙式では、何度か全員で讃美歌（聖歌）を歌う機会があります。その都度起立をしましょう。

新郎新婦を拍手で迎える

披露宴は、新郎新婦を祝福する席です。まず、はじめにふたりが入場するときに拍手で迎えましょう。

スピーチを聞く

主賓などがスピーチをしているときには、私語をつつしみ、話を聞いて、終わったら拍手をしましょう。

余興を楽しみ拍手を送る

新郎新婦の友人が余興を披露するときは、いっしょに楽しんで拍手をしましょう。

帰り際にもお祝いを伝える

披露宴が終わると新郎新婦が出口でお見送りをします。だまって帰らないでお祝いとお礼の言葉を述べましょう。

これも知っておこう！

挙式中のマナー違反は撮影だけではない！

チャペル、神社、寺院などでの挙式は厳粛な儀式です。スマホなどでの撮影だけではなく、着信音などの音を出してはいけませんし、隣の人とのヒソヒソ話なども厳禁です。

通夜・葬式

通夜・告別式には制服か地味な色の服装で参列

通夜や告別式では制服が礼服になります。制服がなければ、黒かグレーの服装で参列しましょう。

学校指定の制服で参列する

基本的に制服や靴下は学校指定のもので参列します。制服がえんじ色、靴下が白でも失礼ではありません。

靴も学校指定のもので OK

靴もふだん通学している学校指定のものを履いていきます。スニーカータイプの運動靴でもかまいません。

制服がないとき

制服がない場合は、黒やグレーなどの地味な色のジャケット、ワンピースなどを着用しましょう。

光るものは避ける

髪どめや靴、バッグなど、金属やラメ、エナメルなどの光るものは、お悔やみにふさわしくありません。

革のバッグも避ける

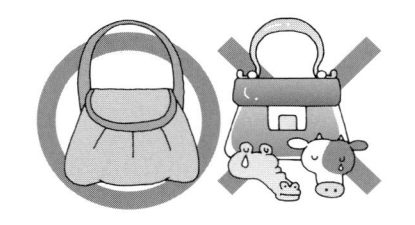

バッグを持つときは、黒い布製のバッグを持ちます。革製は動物の殺生を意味するので避けましょう。

長い髪は結ぶ

ロングヘアの場合は、おじぎをしたときにじゃまになるので、結ぶようにしましょう。

これも知っておこう！

中学生までの参列では香典を持参しなくてもよい

中学生までの義務教育の間に、通夜や葬式に子ども単独で参列するときは、香典は持っていかなくてもよいとされています。保護者と行く場合は保護者が持参します。

通夜・葬式

受付は素通りしないで お悔やみを伝える

家族とともに受付ではお悔やみを述べ、控室では飲食を控えめに静粛にして式の開始を待ちましょう。

受付ではお悔やみを述べる

ご愁傷さまです

家族とともに受付では、「ご愁傷さまです」「悲しく思っています」と、お悔やみを伝えましょう。

控室では静かに待つ

控室は親族をはじめ参列者が式を待つ場所です。食事やお茶菓子を少しいただきながら静かに待ちましょう。

不祝儀袋の種類を覚えておこう

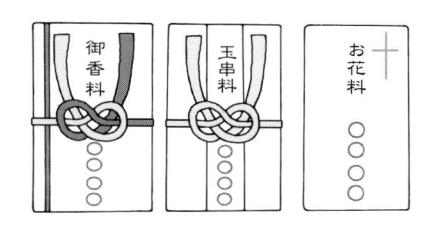

御香料　玉串料　お花料

通夜や葬式で使う不祝儀袋は仏式は「御香料」、神前式は「玉串料」。キリスト教は「お花料」になります。

これも知っておこう！

お悔やみの言葉は、 はっきり言わない

「この度はご愁傷さまです」などとお悔やみを述べる場合は、他のあいさつのようにハキハキとした声で述べるべきではありません。語尾がはっきりしなくてもかまいません。

●不祝儀袋と祝儀袋の違い

通夜や葬式などのお悔やみごとを弔事（ちょうじ）といい、結婚式などのお祝いごとを慶事（けいじ）といいます。弔事の香典などには不祝儀袋を用い、慶事のお祝いなどには祝儀袋を用います。不祝儀袋と祝儀袋の違いを知っておきましょう。

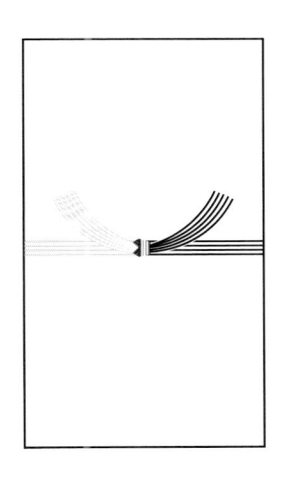

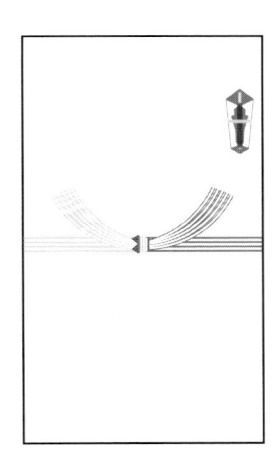

不祝儀袋にはひもが結ばれています。このひものことを、水引きといいます。水引きを固く結ぶとほどくことが難しくなりますが、これは、そのようなお悔やみごとは「人生に一度きりにしたい」という思いが込められています。

祝儀袋にも水引きがありますが、この水引きを蝶結びに結ぶことがあります。蝶結びは簡単に結んだりほどいたりすることができるので、出産祝いや長寿祝いなど、人生に何度もあるとうれしいお祝いに使います。

祝儀袋の水引きを結び切りにした場合は、人生に一度きりがよいとされるお祝い、たとえば結婚式などのときに用いられます。

通夜・葬式のお参りは、宗教のしきたりに従う

通夜や葬式は、仏式、神前式、キリスト教式によって、儀式が異なります。宗教の決まりに沿って参列しましょう。

●仏式

1 抹香をつまむ

一礼して霊前に合掌します。次に、抹香を親指と人差し指・中指でつまみましょう。

2 香炉に落とす

つまんだ抹香を目の高さに上げて、香炉に落とします。そっとていねいに落としましょう。

3 遺族に一礼する

霊前に再び合掌をします。その後、遺影に一礼し、向きを変えて遺族に一礼しましょう。

焼香の回数は宗派によって違う

焼香は香りで邪気を払い、霊前を清めるためのものです。宗派で回数が異なるので、他の人に従いましょう。よくわからなければ、1回でかまいません。

●神前式

1 手を清める

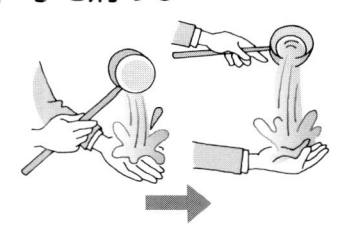

ひしゃくを右手に持ち、左手に水をかけすすぎ、左右逆にして右手をすすぎます。

2 口をすすぐ

右手にひしゃくを持ち、左手で水を受けて口をすすぎます。残った水はひしゃくを立てて柄を浄めましょう。

3 玉串を捧げる

玉串は、右手で根元を上から持ち、左手を葉先に添えます。次に右手のひらを返し90度回します。

4 根元を祭壇へ

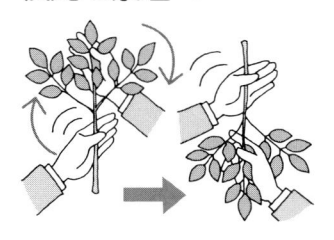

左手を根元にずらし、右手を中ほどにずらして下から支え、右へ回転させ根元を祭壇に向けて捧げます。

●キリスト教式

1 花を持ち一礼

祭壇の前で花を渡されたら、右側に花がくるように持ちます。続いて祭壇の一歩前に進んで、花を持ったまま一礼します。

2 花を手向けて黙とう

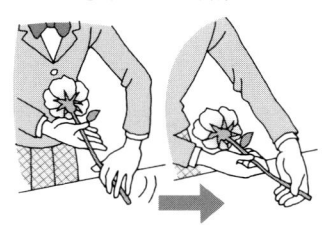

花を時計回りに回して、根元を献花台のほうに向け、献花台に花を置き、黙とうします。

通夜・葬式

法事は焼香、墓参り、お斎の順番で行なわれる

故人の冥福を祈り、供養をするための仏教行事です。地味な服装で出向き、焼香や墓参りを静粛に行ないましょう。

3回忌までは制服

遺族は3回忌までは喪服（制服）で、参列者は1回忌まで喪服で参列しましょう。

7回忌以降は地味な服装で

7回忌以降は、ほぼ遺族のみで行なうため、服装は礼服でなく、地味な色の平服でも大丈夫です。

1 控室では静かに過ごす

控室ではお茶菓子がふるまわれることがあります。いただきながら、静かに開始を待ちましょう。

2 遺族は最前列に着席する

仏殿に案内されたら、遺族は前列、参列者は後列に座ります。僧侶の読経が始まったら静かにしましょう。

3 焼香する

僧侶や寺院のスタッフから、焼香の指示があります。遺族から順番に焼香しましょう。

4 墓参りをする

法要が終わったら、寺院内に墓がある場合は、墓参りをします。

5 会食する

法事の後の会食をお斎(とき)と呼び、遺族は下座に座ります。精進料理がふるまわれるのが一般的です。

これも知っておこう！

お斎の由来は「僧侶の食事」

もとは、僧侶の食事のことを指し、仏教の用語「斎食(さいじき)」からきています。

通夜の後の食事を「通夜ふるまい」、葬儀後、四十九日の後の会食を「精進落とし」と呼びます。

これも知っておこう！

地味な服装で気をつけるべきは「色合い」

法事で地味な色の平服で出席する場合は、色は黒、グレー、紺色などの色合いのものを選びましょう。ただし、男子の場合ワイシャツは白にして、黒などの色ものは避けます。

仏壇や墓では
静かに合掌をする

仏壇や墓では線香を手向け、合掌をします。彼岸には墓の周り
をそうじして先祖を敬いましょう。

●仏壇

1 仏壇の前で正座する

仏壇の前で正座をします。横座りやあ
ぐらをかくのは、仏様に失礼な態度に
なるのでやめましょう。

2 線香に火をつける

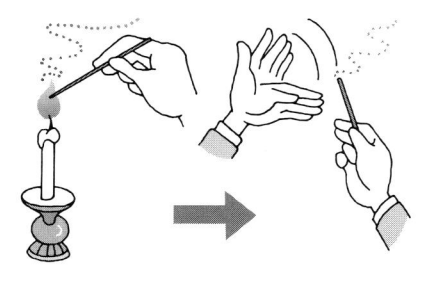

ろうそくの火から線香に火をつけます。
仏様に息を吹きかけてはいけないので、
火は手であおいで消します。

3 合掌する

線香を線香立てに立てたら、合掌をし
ます。合掌したら、ひとひざ下がって
一礼しましょう。

●墓参り

1 墓のそうじをする

周囲の草むしり、以前のお供え物の処分、墓石の泥やこけをタワシで取り除くなど、そうじをしましょう。

2 打ち水をする

手おけにきれいな水を入れて、墓石に打ち水をして清めましょう。

3 花を取り替える

水鉢の水を入れて、新しい花に取り替えます。花は左右同じになるようにしましょう。

4 線香を手向ける

束になった線香を持参し、ライターなどで火をつけて、みんなで分けて墓に手向けて、ひとりずつ合掌します。

これも知っておこう！

足がしびれそうな ときの対処法

正座をして足がしびれるのは、自分の体重が足にかかり、足にある一部の神経や血管が圧迫されるのが原因です。しびれを防ぐには、ときどき両足の爪先を立てるとよいでしょう。

お見舞いは相手の症状が落ち着いてから行く

入院や手術直後のお見舞いは控え、相手の都合のよい日時を確認します。お見舞いの滞在時間は30分以内にしましょう。

相手に聞いてから行く

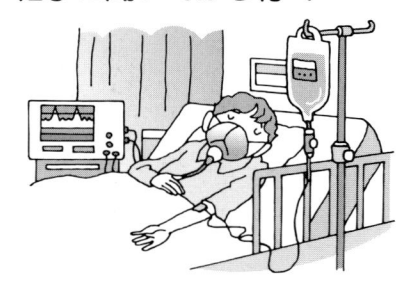

入院直後、手術直後は、相手の体調が優れないのでお見舞いは控えます。相手の都合を聞いて行きましょう。

黒や派手な服装は避ける

黒だけの衣服は縁起が悪いので避けます。派手な服装も控えましょう。

鉢植えや生ものは贈らない

鉢植えの花やケーキなどの生ものを贈るのは避けましょう。ただし相手が希望したときは問題ありません。

滞在は30分以内

病人が体を休ませることができるように、滞在時間は30分以内にして、早めに帰るようにしましょう。

災害ボランティアでは被災者を第一に考える

被災地のボランティア情報を調べてから応募し、現地では自治体などの指示に従って活動します。

勝手に行かない

募集情報を調べ、被災地のボランティアの受け入れ態勢が整ったことを確認して参加しましょう。

記念写真は撮らない

被災地での記念撮影は、被災者の気持ちを考えて控えましょう。

スタッフの指示に従う

専門家や自治体、ボランティア団体のスタッフなどの指示に従って、行動するようにしましょう。

水、食べ物は持参する

被災地は物資不足なので、飲料水や食料は自分で持っていき、ゴミは持ち帰りましょう。

手袋とマフラーをはずす場所

防寒用の手袋やマフラーは、玄関先ではずしてから、あいさつをしましょう。

●おしゃれなデザインでもはずすのがマナー

　デザインが凝っていても、高価なブランドのものであっても、防寒用の手袋やマフラーを室内ではずさないのはマナー違反です。とくに室内で目上の人に対する場合は、玄関先でコートを脱ぐときにいっしょにはずしてから、あいさつをしましょう。

　フォーマルな手袋は、室内でもしてよいとされています。フォーマルなスーツやドレスに合わせて着用し、食事のときははずします。

●マフラーの巻き込みに注意

　長いマフラーをして自転車に乗ると、端がタイヤに巻き込まれて大きな事故につながります。エスカレーターでも巻き込まれることがあるので、注意しましょう。

パート7

手紙・スマホ・電話のマナー

改まった手紙は、たて書きで 白無地の便せんを使う

お祝いや、お世話になった人へのお礼などは、手書きだと真心が伝わります。正式な手紙の書き方を覚えておきましょう。

1 頭語を書く

頭語は、手紙のはじめに書く「こんにちは」にあたる言葉です。送る相手や状況によって使い分けます。

2 季節のあいさつを書く

頭語の次には、季節のあいさつを書きます。四季折々の季節感あふれる言葉で表現します。

3 用件や手紙の目的を書く

季節のあいさつなどのあとに「さて」、「ところで」などの起語を使い、伝えたい用件や手紙の目的を書きます。

4 末文を書く

相手の健康を気づかう言葉、返事が必要なら、それを求める文を書き、最後は頭語に対の結語（「拝啓」なら「敬具」）で終わります。

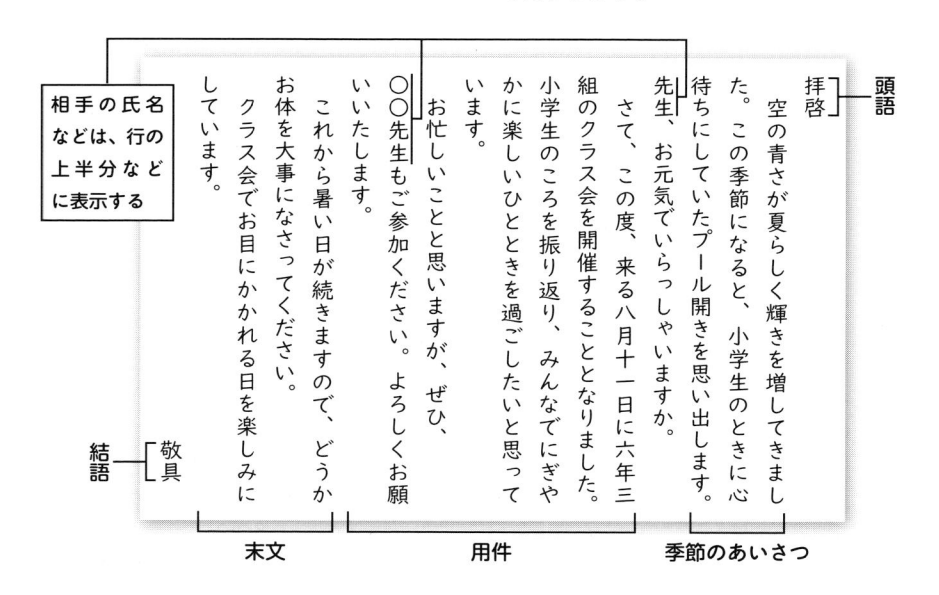

頭語

拝啓

空の青さが夏らしく輝きを増してきました。この季節になると、小学生のときに心待ちにしていたプール開きを思い出します。

先生、お元気でいらっしゃいますか。

さて、この度、来る八月十一日に六年三組のクラス会を開催することとなりました。小学生のころを振り返り、みんなでにぎやかに楽しいひとときを過ごしたいと思っています。

お忙しいことと思いますが、ぜひ、〇〇先生もご参加ください。よろしくお願いいたします。

これから暑い日が続きますので、どうかお体を大事になさってください。

クラス会でお目にかかれる日を楽しみにしています。

敬具

相手の氏名などは、行の上半分などに表示する

結語

末文 ／ 用件 ／ 季節のあいさつ

改まった手紙は白い便せん

改まった手紙の場合は、白色の便せんを使います。無地やたて罫は慶弔など、すべての用途に使用できます。

横罫、模様は親しい人に

横罫や模様、色がついた便せんは、親しい相手に使用します。模様は季節に注意して選びましょう。

頭語と結語	手紙の種類	頭語	結語
	一般の手紙	・拝啓	・敬具
	ていねいな手紙	・謹啓 ・謹呈	・謹言 ・謹白
	前文を省略	・前略	・草々

季節のあいさつ

＜春＞

新春の候
新緑の候
日ごとに春の訪れを感じるようになりましたが、
すがすがしい風が、青葉若葉を揺らす季節となりましたが、

＜夏＞

暑中お伺い（お見舞い）申し上げます。
すがすがしい初夏の風に吹かれ、心もはずむ季節となりましたが、
夏の日差しがまぶしい今日このごろ、
残暑お伺い（お見舞い）申し上げます。

＜秋＞

立秋の候
さわやかな秋晴れが続き、
木々の葉が色づき、秋の深まりを感じられるようになりましたが、

＜冬＞

初冬の候
厳寒の候
朝晩の冷え込みが、日ごとにきびしくなってきましたが、
木枯らしが吹き、寒さが身にしみる季節となりましたが、

末文	ご多幸をお祈りします。 お体を大事になさってください。 ますますのご健勝をお祈りします。

手紙・はがき

目上の人へのはがきは たて書きで10行程度に

はがきは、便せんと異なりスペースが限られているので、伝えたい内容を簡潔にまとめ、読みやすい文字量で書きましょう。

1 目上の人にはたて書き

目上の人や改まった内容は、たて書きにするのがマナーです。上下左右を1cmあけて書きましょう。

2 読みやすく書く

1行に18文字入るぐらいの大きさの文字で書き、9〜10行ほどにおさまる文字数にしましょう。

3 前文を書く

手紙と同様に頭語を書き、季節のあいさつや相手を気づかう文章を書きます。

4 用件を書く

伝えたい用件や目的は、3〜5行程度にまとめて簡潔に書きます。別の紙に下書きするとよいでしょう。

5 相手の健康を気づかう

伝えたい用件のまとめ、相手の健康を気づかう言葉などを書きます。

横書きは親しい人へ

友だちなど親しい関係の人には、横書きでもかまいません。1行15〜17文字で15行程度におさめましょう。

これも知っておこう！

はがきの由来は、着物の切れ端に書いた「端書（はしがき）」

はがきは、もともとは着物の切れ端に書いたもので、目上の人に出すのは失礼とされます。ただし、年賀状やクラス会の案内など、また旅先からの便りとして出すのは問題ありません。

たて書き

18文字から30文字前後

末文　主文　前文

拝啓　はがきにて失礼します。　若葉が輝く季節となりました。　お元気でいらっしゃいますか。

この度は、入学のお祝いをありがとうございました。四月八日に入学式を終え、一学期の授業も始まりました。テニス部に入り、練習も頑張っています。

これから蒸し暑い季節になってきます。くれぐれもお体を大事になさってください。

四月二十日　　　　　　　　　敬具

10行前後

15文字から17文字前後

横書き

前文	前略　もうすぐ夏休みですが、〇〇ちゃん、お元気ですか？
主文	引っ越しの手紙をありがとう。とってもなつかしかったです。 小学校を卒業してから、引っ越しをしてなかなか会えなくなってしまったね。 プールで〇〇ちゃんと競争して楽しかったことを思い出します。
末文	もし近くまで来たら連絡してね。 また、会えるのを楽しみにしています。 お互いに中学の勉強や部活を頑張ろうね。

草々

15行程度

手紙・はがき

年賀状のあいさつの言葉は、送る相手によって違う

新しい年を迎えることを祝う言葉は大きく書きます。お祝いに
ふさわしくない忌み言葉を避けて書きましょう。

1 賀詞を書く

「謹賀新年」「あけましておめでとう」
など、新年を迎えたことのお祝いの言
葉を、大きく書きます。

目上
謹賀新年
恭賀新年
謹んで新春のお慶びを申し上げます
友人
あけましておめでとう
迎春
賀正
寿
HAPPY　NEW　YEAR

2 昨年のお礼を書く

昨年お世話になったことへのお礼の言
葉を述べます。続いて、近況報告など
も書きましょう。

目上の人
昨年は大変お世話になりました。旧年中はご指導いただき、ありがとうございました。
友だち
昨年は部活でいっしょに練習できてうれしかった。ありがとう。

誰でも使える
あけましておめでとうございます
新年おめでとうございます

3 新年のおつきあいの言葉

先生なら「ご指導をよろしくお願いいたします」、友人なら「今年もよろしくお願いします」と伝えます。

先生・コーチなど目上の人
本年も練習を頑張ります。ご指導をよろしくお願いいたします。

友だち
今年も大会を目指して、一緒に頑張ろう。よろしくお願いします。

誰でも
本年もよろしくお願い申し上げます。

4 幸せや健康を気づかう言葉

友だちなら「幸せな1年になりますように」、目上の人には「ご多幸をお祈りいたします」と述べましょう。

目上の人
ご多幸をお祈りいたします。 ご家族のご健勝をお祈り申し上げます。

友だち
幸せな1年になりますように！ 楽しいことがたくさんある1年になりますように！

1月元旦は間違い

元旦は1月1日の朝のことなので、「○○年元旦」「○年1月1日」と書きましょう。また、右のような忌み言葉を使うのは避けましょう。

去年、終わる、衰える、病む、病気、寝込む、消える、枯れる、滅びる、苦しむ、落ちる、壊れる、崩れる、倒れる、失う

●恩師

謹賀新年

旧年中は大変お世話になりました。

先生からのご指導により、はじめて大会に出場することができました。

本年もさらに上を目指して頑張りたいと思います。

ご指導をよろしくお願いいたします。

本年も先生にとりまして、素晴らしい一年でありますようご祈念申し上げます。

二〇〇〇年 元旦

●友だち

あけましておめでとう

昨年きびしい練習を頑張ってこられたのは、励ましてくれた○○さんのおかげです。ありがとう。
今年もお互いに頑張りましょう。よろしくお願いします。
この1年が楽しく過ごせますように！

　２０００年元旦

●親せき

謹んで新春のお慶びを申し上げます

ご無沙汰いたしております。
皆さまいかがお過ごしでいらっしゃいますか。
おかげさまで、昨年私は中学生になり、
部活や勉強と忙しい毎日を送っています。
お近くにお越しの際は、ぜひ遊びにいらしてください。
本年も皆さまのますますのご健康をお祈り申し上げます。

　２０００年元旦

手紙やはがきのあて名や住所などの書き方にもルールがある

改まった手紙の場合は、たて書きの封筒やはがきを使用し、あて名などもたて書きにします。

●封筒・表

1 住所を書く

住所は郵便番号の右端のマスにそろえ、1文字下げて書くと、バランスがよく、文字がそろって見えます。

2 番地は漢数字で書く

改まった手紙や目上の人あての場合は、番地は漢数字で書き、マンション名は省略しないで書きます。

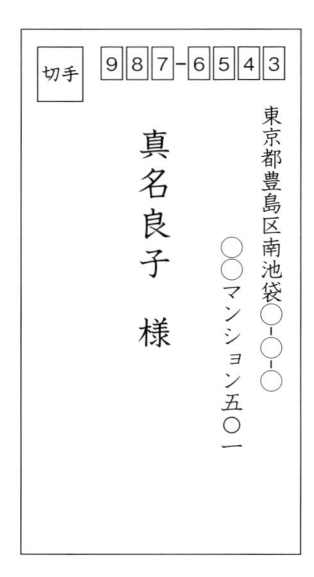

987-6543

切手

東京都豊島区南池袋○-○-○
○○マンション五〇一

真名良子　様

3 あて名は大きく書く

住所より大きな文字で書きます。封筒の中央に、郵便番号のマスから1文字下げて書きます。

2 切手は左上に貼る

切手は左上に真っ直ぐ貼ります。切手がななめに曲がっていると、雑な印象になるので気をつけましょう。

●封筒・裏

1 封じ目に印をつける

一般的には封じ目に「〆」と書きます。
「封」「緘^{かん}」と記すこともあります。

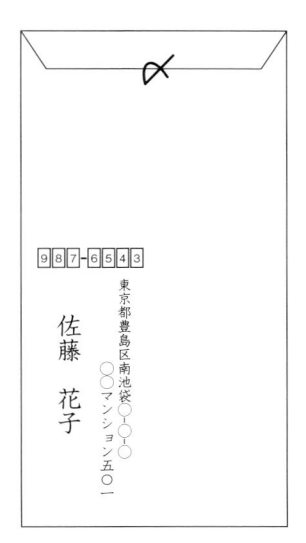

2 自分の住所氏名を書く

自分の住所氏名を書きます。中央に書くのが正式ですが、郵便番号欄のある左下が一般的になっています。

これも知っておこう！

お祝いの封じ目は めでたいものに

　お祝いの手紙の封じ目は「〆」ではなく、おめでたい「寿」「賀」の字にしましょう。

　また、封かん用のスタンプやシールを使ってもよいでしょう。

●封筒・横書き・表

1 切手は右上に貼る

左上に貼るのは間違いです。必ず右上に貼りましょう。

2 あて名は中央に書く

住所は左端から2文字くらいをあけたところから書き始め、あて名は中央に少し大きく書きましょう。横書きの場合、番地は算用数字で書きます。

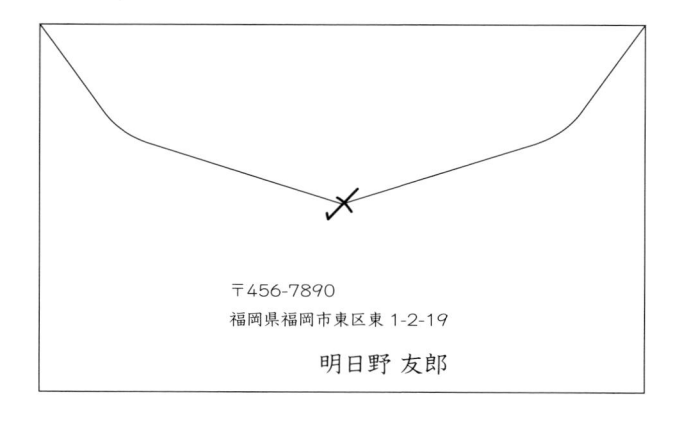

123-4567
東京都豊島区南池袋 1-2-3
　田中ビルディング 3 階

山田 太郎 様

切手

●封筒・横書き・裏

1 自分の住所氏名を書く

封じ目は不要ですが、たて書きと同じでもかまいません。自分の住所氏名は、下側中央に書きましょう。

〒456-7890
福岡県福岡市東区東 1-2-19

明日野 友郎

●はがき

1 住所とあて名を書く

封筒と同様に郵便番号の右端のマスに
合わせて住所を、中央にあて名を書く
とバランスがとれます。

987-6543

東京都世田谷区中島○丁目○番○号
サニーマンション三〇一号

高橋 恭介 様

兵庫県神戸市三宮二丁目二十番六号
宮田大輔

987-6543

切手

2 自分の住所氏名を書く

自分の住所と名前を左下に書きます。
住所と氏名の最後の文字が横にそろう
ように書きましょう。

電話

かかってきた電話にきちんと対応して取りつげるようにする

相手に聞き取りやすいようにはっきりと応え、顔が見えない分、よりていねいな言葉使いと対応を心がけましょう。

1 受話器を取る

はい。
○○です

受話器を取り、「はい。○○です」と明るく、はっきりした声で相手に伝えましょう。

2 電話を取りつぐ

少々お待ちください

○○さんから電話

自分以外への電話には、「少々お待ちください」と言って、保留ボタンを押してから当人を呼びます。

3 不在のときは用件を聞く

さんから
「電話ください」

指名された当人が不在のときは、不在であることを告げ、代わりに用件を聞いて連絡先をメモしましょう。

4 迷惑電話はすぐに切る

××さん？

どの電話に・・・

間違い電話は、「どの番号におかけですか？」と確認しましょう。迷惑電話は長話をしないで切りましょう。

万が一に備えて公衆電話の使い方を覚えておく

スマホを忘れたり、紛失してしまったりしたときは、公衆電話を使うと、家や学校に連絡を入れることができます。

1 受話器を取る

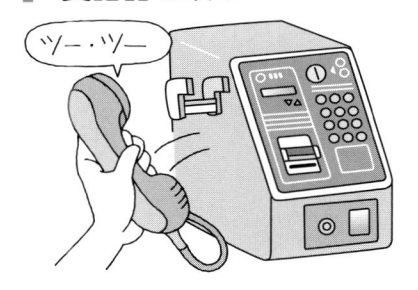

受話器を取って、耳に当てるとツーツーという発信音が聞こえます。

2 硬貨を入れる

10円硬貨を入れます。100円硬貨も使えますが、おつりが出ません。

3 番号を押す

かけたい相手の番号を市外局番から押すと、「プルルル」という呼び出し音がしてかかります。

4 受話器を元に戻す

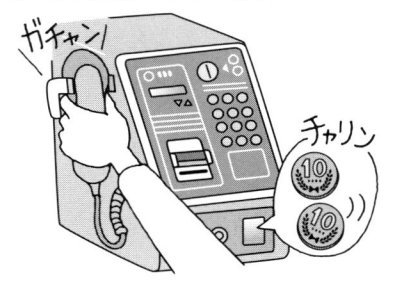

通話が終わったら、受話器を元に戻します。余った料金は、10円硬貨で返却されます。

電話

緊急時の連絡方法を 家族といっしょに確認しておく

公衆電話、災害伝言ダイヤルは、災害や事故などの緊急時に、すばやく家や警察、消防に連絡をすることができます。

公衆電話は緊急時に 無料でかけられる

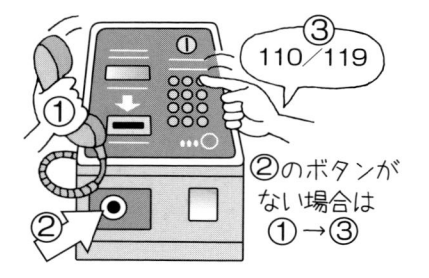

110／119

②のボタンが ない場合は ①→③

事故や事件などの緊急時には、硬貨を入れなくても110番や119番を押すとつながります。

災害時は公衆電話が優先

災害時はスマホや固定電話より、公衆電話の回線が優先され、硬貨を入れなくてもかけることができます。

これも知っておこう！

電話がつながらないからと、 何度もかけ直さない

緊急時に電話がつながらないからと、何度もリダイヤルしてかけ直すと、その分よけいに回線に負担がかかり、パンク状態が改善されにくくなります。

1 災害伝言ダイヤルを利用する

スマホや固定電話がつながりにくくなるので、家族の安否は災害伝言ダイヤル「171」にかけます。

2 伝言を録音する

171 にダイヤルして「1」を押し、連絡を取りたい相手の電話番号を押すと、伝言を録音することができます。

3 伝言を聞く

171 にダイヤルして「2」を押し、連絡を取りたい相手の電話番号を押すと、伝言を再生することができます。

災害用伝言ダイヤルの使い方

録音する

171 にダイヤルする

30秒以内

1 被災者は自分の電話番号を、それ以外の人は被災者の電話番号を押してから、伝言を録音する。

再生する

171 にダイヤルする

2 連絡を取りたい相手の電話番号を押して、伝言を聞く。

スマホはルールを守り、相手のことも考えて使う

家庭や学校で決められたルールを守って、トラブルや事故に巻き込まれることなく楽しく使いましょう。

会話中には使わない

家族や友だち、先生など人と話しているときに、スマホをチェックする、ゲームをするのは失礼にあたります。

他人のスマホを勝手に見ない

家族や友だちのスマホを操作して、勝手に中身を見るのは、マナー違反なのでしてはいけません。

送信前にもう一度読み直す

文を入力したら、間違いはないか、感情に任せた発言ではないか、一度読み直すと送信前に冷静に判断ができます。

通話やLINEは時間帯を考える

通話や LINE などのやりとりは、深夜や長時間になると相手に迷惑がかかるのでやめましょう。

学校のルールに従う

「授業中はスマホを預ける」「スマホの電源を切る」など、学校のルールをきちんと守りましょう。

動画や音楽の視聴の通信量に注意

高画質、高音質で動画や音楽の視聴をすると膨大な通信量になるので注意しましょう。

アプリやゲームの課金に注意

無料アプリや無料オンラインゲームには、条件を追加するとお金がかかるものがあるので注意しましょう。

これも知っておこう！

パケット通信量には十分に気をつける

　スマホは、契約によって月ごとに使用できるパケット通信量が定められています。設定によっては、気づかないうちに使いすぎてしまい、高額な料金を請求されることもあります。

 **スマートフォン・SNS**

ながらスマホ、居場所の公表は事故やトラブルの原因になる

歩行中や自転車での走行中のスマホ操作は事故を引き起こし、勝手な撮影や居場所の公表はトラブルのもとになります。

1 マナーモードに設定

着信音がひんぱんに鳴るのは、周囲の人の迷惑になります。外出中はマナーモードに設定しておきましょう。

2 歩きスマホはしない

歩きスマホは周囲が見えず大変危険です。操作する必要があるときは、いったん立ち止まって端に寄りましょう。

3 お店の中での操作はじゃまになる

店内でスマホ操作で立ち止まると、買い物や通行の妨げになります。できるだけ、お店の外に出て操作しましょう。

4 他人の撮影に注意

許可なく他人を撮影するのは、肖像権の侵害や迷惑防止条例違反などのトラブルのもとになります。

5 決められたマナーを守る

イベントなどの混雑時の記念撮影、展示物などの撮影は、スタッフの指示に従いましょう。

6 レストランでの撮影

レストランなどによっては、メニューや料理の撮影を禁止しているところがあるので注意しましょう。

7 公衆Wi-Fiは慎重に使う

公衆 Wi-Fi で、通販などの会員サイトに接続すると、パスワードなどを簡単に盗まれるおそれがあります。

8 居場所をSNSで知らせない

SNS（ソーシャルネットワーキングサービス）で自分の居場所を公表すると、特定されて犯罪に巻き込まれるおそれがあります。

これも知っておこう！

スイーツだけで居場所が特定されることも

限定のスイーツを食べていることをSNSに投稿しただけで、「今、お店の前にいるのは、あなたですよね」と、知らない人から返信がきたというケースがあります。

SNSは不特定多数の人が閲覧でき、閲覧者はすぐ近くにいることもあるので十分に注意しましょう。

スマートフォン・SNS

悪口、うわさ話、未確認の情報を安易に SNS に載せない

悪口やうわさ話は拡散すると消せません。トラブルやバッシングを受けることになるので絶対に書かないようにしましょう。

友だちの悪口は載せない

悪口を故意に流したり、悪気がなくても友だちのことを茶化した言葉を載せるといじめなどの原因になります。

LINE グループでは共通の話題を

グループトークをするときは、特定の人しかわからない話題を避け、みんなの共通の話題にしましょう。

うわさ話やデマを流さない

うわさ話やデマの投稿は、他人を傷つけたり正しい情報を妨害したりと、社会的にも問題になるのでやめましょう。

写真や文章を無断で転載しない

他人のサイトの文章やイラストを、無断で自分の情報として SNS に投稿すると著作権侵害になることがあります。

有名人の目撃情報を流さない

芸能人や有名人のプライベートでの目撃情報の投稿は、個人のプライバシーの侵害になるのでやめましょう。

過激な投稿を控える

事件や政治的なことなど、感情のおもむくままに発言をすると、トラブルやバッシングのもととなります。

個人情報をさらさない

自分だけでなく友だちの氏名、住所、電話番号、顔写真を載せると、犯罪に巻き込まれるおそれがあります。

危険な行為を投稿しない

反応がたくさん欲しいからといって、危険な行為やモラルに欠けた行為をしてはいけません。

これも知っておこう！

SNSでは相手のことを考えて投稿しよう

SNSでのコミュニケーションは、相手の反応を想像できず極端な表現をしてしまうことがあります。投稿する前に、冷静に「同じことを直接言えるだろうか？」と考えてみましょう。

〈監修者紹介〉

岩下宣子（いわした・のりこ）

マナーデザイナー。現代礼法研究所主宰。ＮＰＯ法人マナー教育サポート協会理事長。企業をはじめ、学校、公共団体など、多方面にわたるマナーの指導に活躍。『お祝い・お悔やみ・特別な日のマナー』『「感じのいい人」がしている大人の気配り』（以上、ＰＨＰ研究所）、『カラー版　これ一冊で完ぺき！　マナーのすべてがわかる便利手帳』（ナツメ社）など、著書・監修書多数。

〈staff〉

編集構成・本文デザイン・DTP	造事務所
文	長瀬ひろみ
装幀	小口翔平＋永井里実 (tobufune)
イラスト	よしのぶもとこ

【イラストでわかる】
13歳から自立できるマナーの基本

2018 年 9 月 19 日　第 1 版第 1 刷発行
2019 年 5 月 29 日　第 1 版第 3 刷発行

監修者	岩下宣子
発行者	安藤　卓
発行所	株式会社ＰＨＰ研究所

京都本部　〒 601-8411　京都市南区西九条北ノ内町 11
〈内容のお問い合わせは〉教育出版部　☎ 075-681-8732
〈購入のお問い合わせは〉普及グループ　☎ 075-681-8554

印刷所　図書印刷株式会社